Der
Mensch

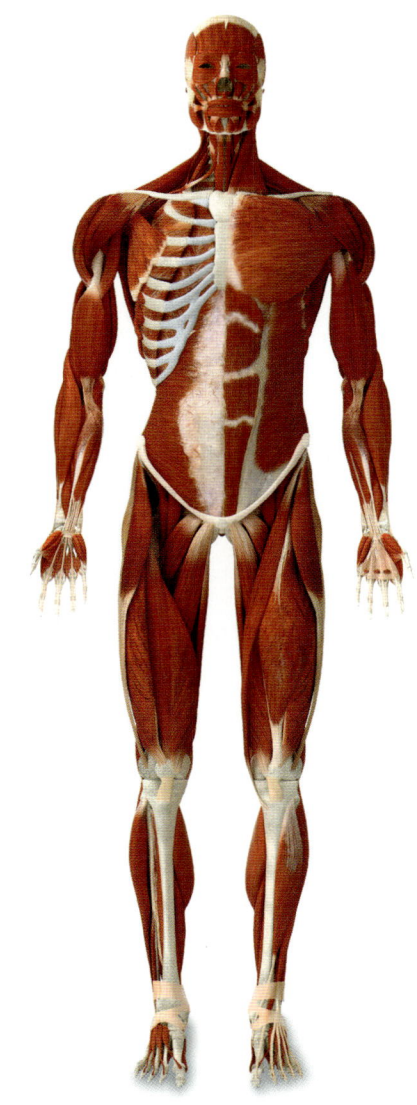

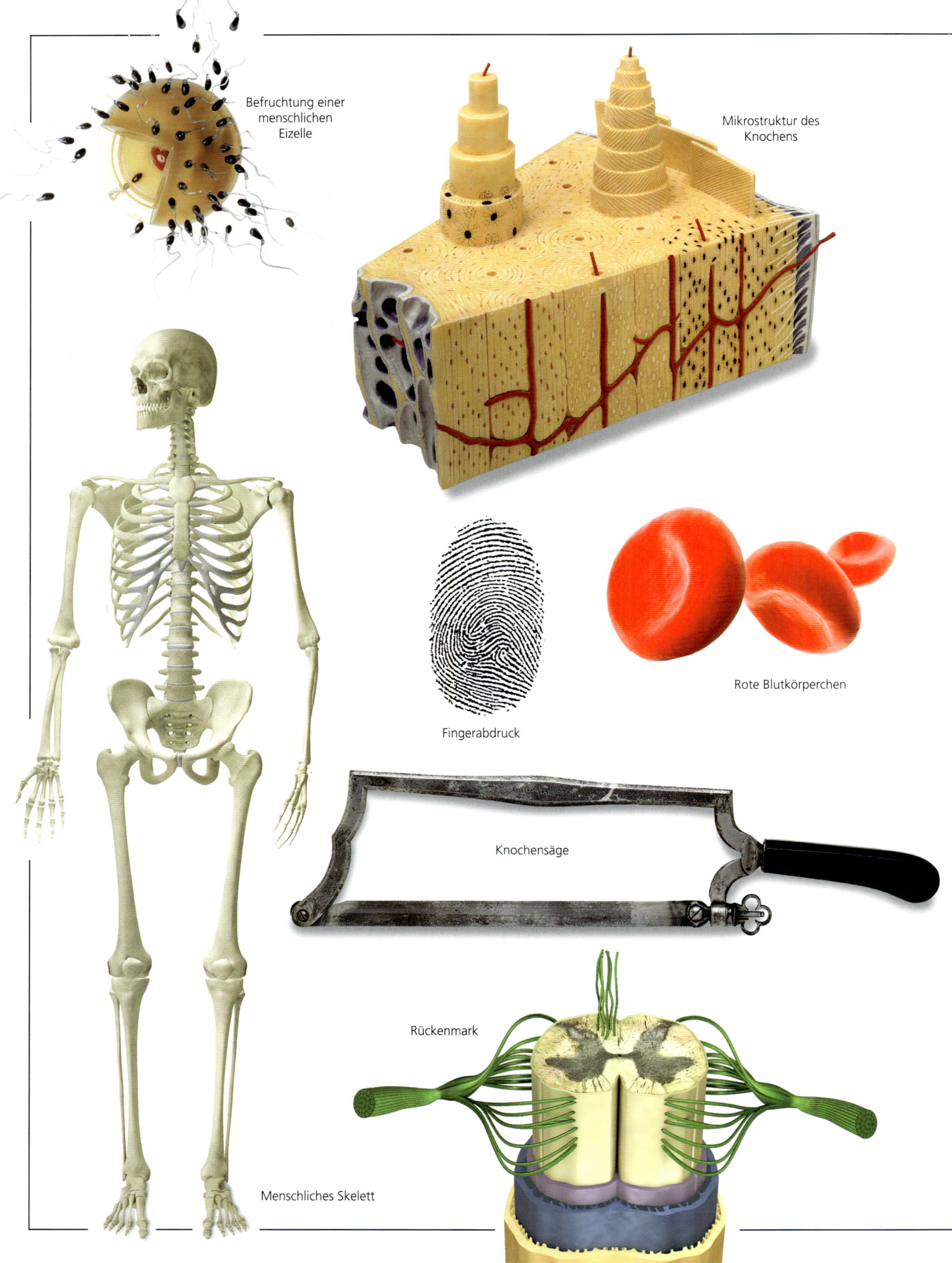

Befruchtung einer menschlichen Eizelle

Mikrostruktur des Knochens

Fingerabdruck

Rote Blutkörperchen

Knochensäge

Rückenmark

Menschliches Skelett

All covers bear the label **memo Wissen entdecken**

Pferde 43	 Kriminalistik 44	 Säugetiere 45	 Wetter 46	 Fossilien 47	 Pflanzen 48	 Wikinger 49
 Evolution 50	 Computer 51	 Raubtiere 52	 Fußball 53	 Der Zweite Weltkrieg 54	 Strand & Meeresküste 55	 Islam 56
 Mond 57	 Das moderne China 58	 Geld 59	 Pyramiden 60	 Waffen & Rüstungen 61	 Edelsteine & Kristalle 62	 Deutschland 63
 Tiere 64	 Fahrzeuge & Transport 65	 Urzeit 66	 Arktis & Antarktis 67	 Der Erste Weltkrieg 68	 Reptilien 69	 Mittelalter 70
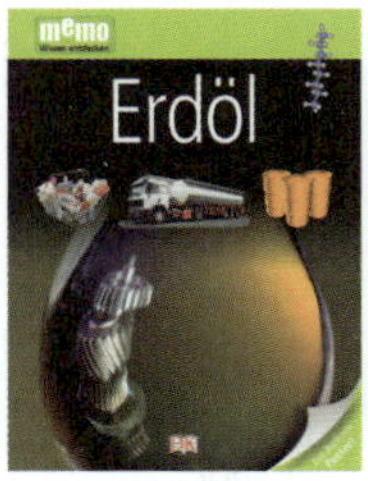 Erdöl 71	 Religionen 72	 Schmetterlinge 73	 Mumien 74	 Alte Kulturen 75	 Natur-katastrophen 76	 Astronomie 77

Muscheln & Schnecken

78

Die Erde

79

Wale & Robben

80

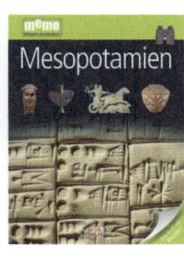
Mesopotamien

81

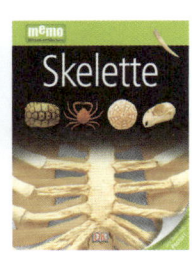

Skelette

82

Mehrteiliges Mikroskop

Nervenzelle

Der Mensch

Text von
Richard Walker

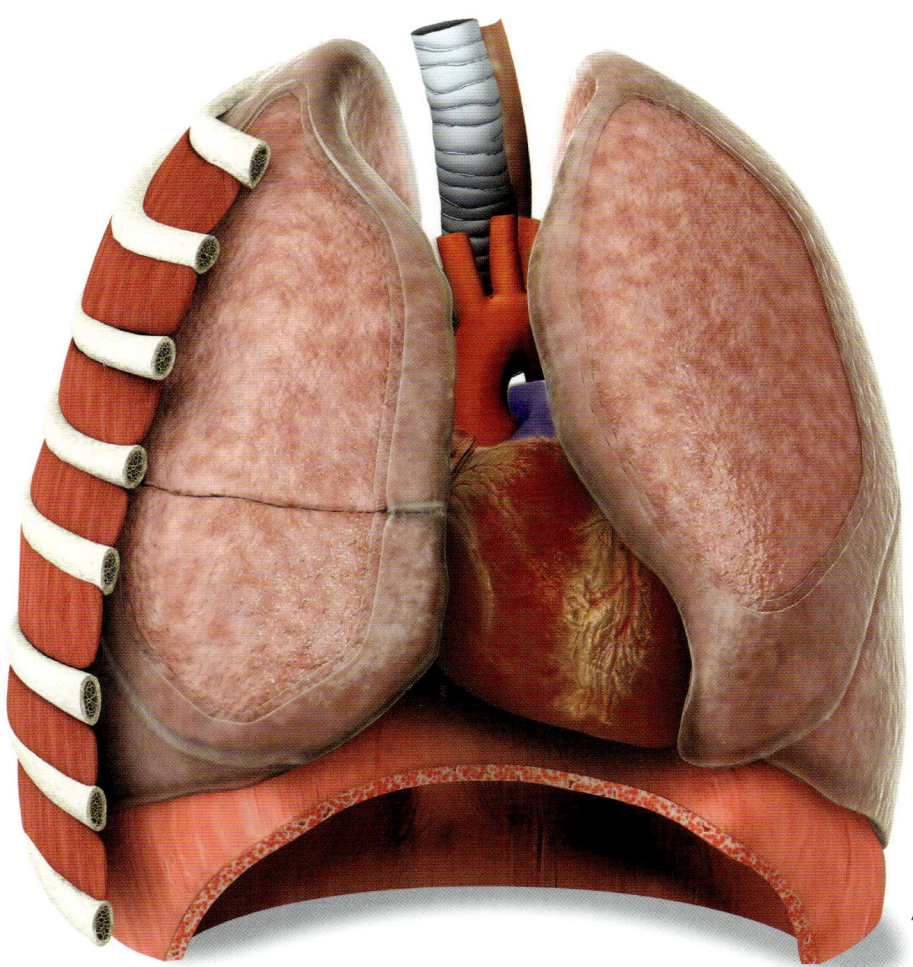

Atmungssystem

Chromosom

Klemmschere (19. Jh.)

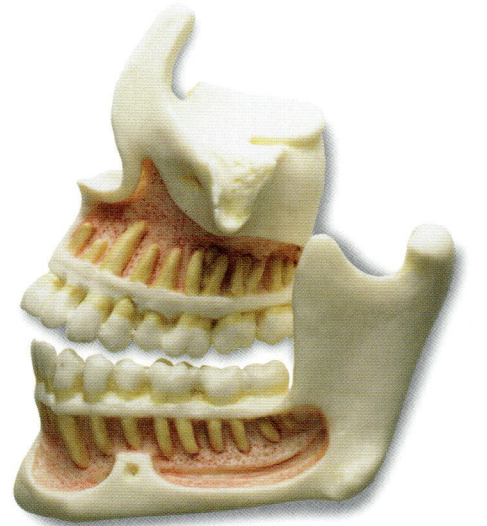
Gebiss eines
Erwachsenen

DK

London, New York, Melbourne,
München und Delhi

Redaktion Lisa Stock
Projektbetreuung Jane Yorke
Gestaltung David Ball
Lektorat Rob Houston
Bildredaktion Alison Gardner
Cheflektorat Camilla Hallinan
Chefbildlektorat Owen Peyton Jones
Art Director Martin Wilson
Programmleitung Andrew Macintyre
Bildrecherche Louise Thomas
Herstellung Hitesh Patel, Pip Tinsley
Umschlaggestaltung Smiljka Surla

Für die deutsche Ausgabe:
Programmleitung Monika Schlitzer
Projektbetreuung Martina Glöde, Janna Heimberg
Herstellungsleitung Dorothee Whittaker
Herstellung Anna Ponton

Querschnitt durch die Haut

Bibliografische Information Der Deutschen Bibliothek
Die Deutsche Bibliothek verzeichnet diese Publikation in der
Deutschen Nationalbibliografie; detaillierte bibliografische Daten
sind im Internet über http://dnb.ddb.de abrufbar.

Titel der englischen Originalausgabe:
Eyewitness Human Body

© Dorling Kindersley Limited, London, 2009
Ein Unternehmen der Penguin-Gruppe

© der deutschsprachigen Ausgabe by
Dorling Kindersley Verlag GmbH, München, 2011
Alle deutschsprachigen Rechte vorbehalten

Übersetzung Dr. Sibylle Tönjes
Lektorat Dr. Christa Söhl
Satz Roman Bold & Black

ISBN 978-3-8310-1874-1

Colour reproduction by MDP, UK und Colourscan, Singapore
Printed and bound in China

Besuchen Sie uns im Internet
www.dorlingkindersley.de

Sauerstoff-
reiches Blut   Sauerstoffarmes Blut   Abgesetztes
Blut

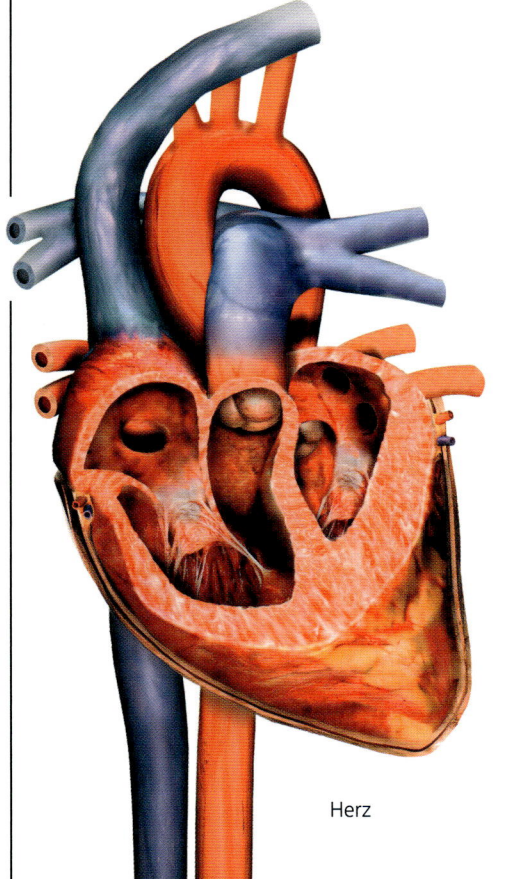
Herz

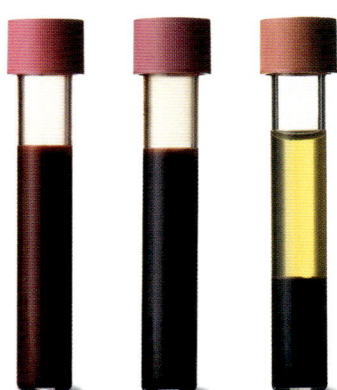

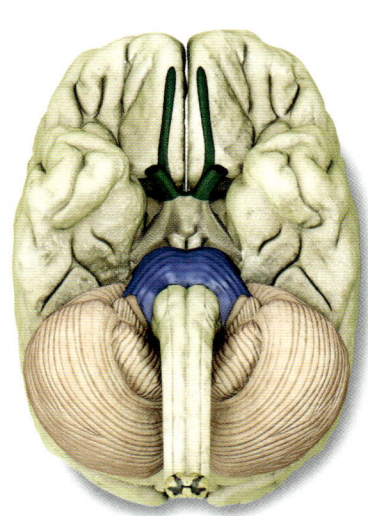
Gehirnunterseite

Inhalt

Im Auge

Der Körperbau

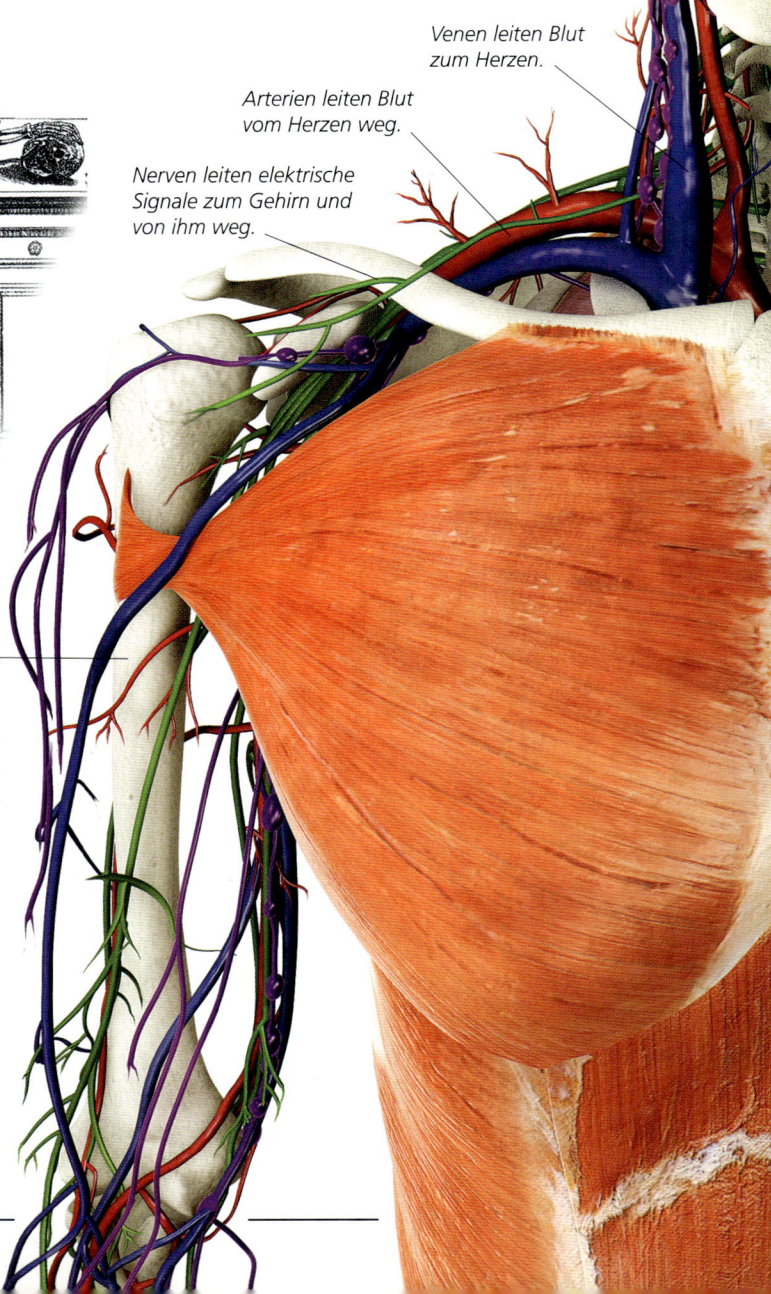

Menschen sind die intelligentesten Lebewesen auf der Erde. Durch diese Intelligenz und natürliche Neugierde sind wir als Einzige in der Lage unsere Körper zu verstehen. Das über Jahrhunderte erworbene Wissen sagt uns, dass unsere Körper gleich sind, auch wenn sie äußerlich unterschiedlich aussehen. Die Anatomie, die Lehre vom Körperaufbau, zeigt, dass wir im Inneren, abgesehen von den Unterschieden zwischen Mann und Frau, fast identisch sind. Die Lehre der Physiologie, die sich mit den Abläufen im Körper befasst, zeigt, wie die Körpersysteme gemeinsam dafür sorgen, dass unsere Zellen – also wir – am Leben bleiben. Alle Menschen sind miteinander verwandt. Sie gehören zur Spezies *Homo sapiens* und sind Nachkommen der ersten neuzeitlichen Menschen, die vor 160 000 Jahren in Afrika lebten und sich später von dort aus in alle Welt verbreiteten.

Das Auge ist ein lichtempfindliches Sinnesorgan.

Venen leiten Blut zum Herzen.

Arterien leiten Blut vom Herzen weg.

Nerven leiten elektrische Signale zum Gehirn und von ihm weg.

Knochen stützt den Oberarm.

MENSCHLICHE WURZELN
Die ersten Menschen entwickelten sich vor Millionen Jahren aus affenähnlichen Vorfahren. Im Lauf der Zeit lernten sie aufrecht zu gehen und entwickelten größere Gehirne, wie dieser *Homo habilis*, der vor etwa 2 Mio. Jahren lebte. Der moderne Mensch ist der einzige Überlebende dieser vielen verschiedenen Spezies.

STUDIUM DER ANATOMIE
Die moderne Lehre der Anatomie reicht zurück bis in die Renaissance im 15. und 16. Jh. Damals waren erstmals legal Sektionen an Toten möglich, also das Aufschneiden des Körpers, um ihn genauestens zu untersuchen. Diese Detailzeichnungen der Muskulatur und des Skeletts sind Ergebnisse derartiger Sektionen. Die Bilder stammen aus einem bahnbrechenden Buch (S. 10) des Arztes Andreas Vesalius, einem der Wegbereiter der menschlichen Anatomie.

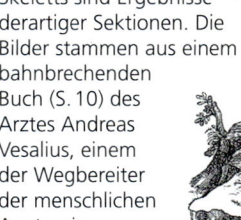

Muskulatur

Skelett

KÖRPER UND HAUSHALT
1708 versuchten die Physiologen die Abläufe im Körper mit denen in einem Haushalt zu erklären: Vorräte ergänzen (Nahrung aufnehmen), Verteilung lebensnotwendiger Güter (Blutkreislauf), Wärmeerzeugung (chemische Reaktionen im Körper) und Haushaltsorganisation (Gehirn).

ZUSAMMENARBEIT
Die Organe und Systeme des Körpers können allein nicht überleben. Nach dem Entfernen von Haut und Muskeln sieht man hier, wie die inneren Organe und Systeme gemeinsam daran arbeiten, dass wir am Leben bleiben. Knochen, Muskeln und Knorpel stützen und bewegen den Körper. Nerven leiten Steuersignale. Herz und Blutgefäße verteilen die Nährstoffe und den in der Lunge aufgenommenen Sauerstoff. Durch diese Zusammenarbeit kann der Körper ein inneres Gleichgewicht mit einer Temperatur von 37 °C halten, bei dem die Zellen am besten arbeiten können.

Körperaufbau

Der menschliche Körper besteht aus etwa 100 Billionen Zellen. Es gibt 200 verschiedene Sorten dieser mikroskopisch kleinen, komplex aufgebauten Einheiten. Gleiche Zellen bilden gemeinsam ein Gewebe, zwei oder mehr Gewebe bilden ein Organ und miteinander verbundene Organe bilden ein System. Alle Körpersysteme zusammen bilden einen Menschen. Wie das alles funktioniert, wird rechts am Beispiel des Verdauungssystems erklärt.

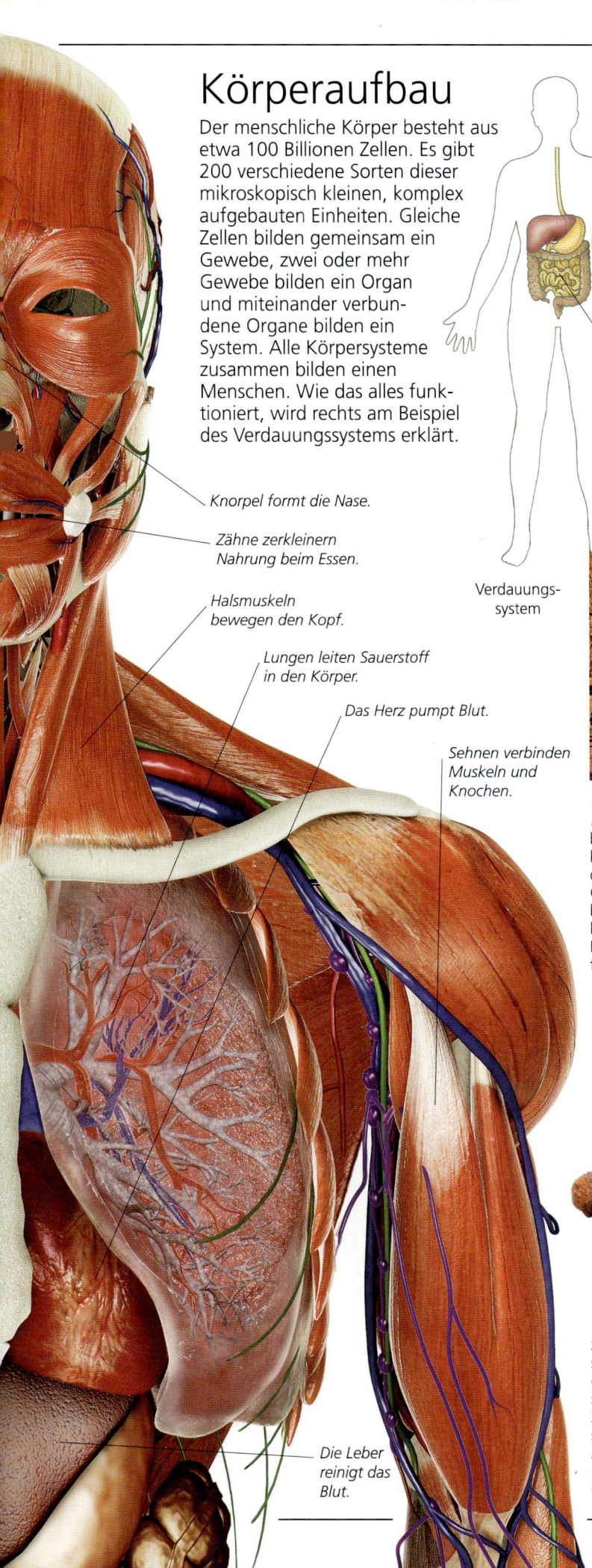

Knorpel formt die Nase.

Zähne zerkleinern Nahrung beim Essen.

Halsmuskeln bewegen den Kopf.

Lungen leiten Sauerstoff in den Körper.

Das Herz pumpt Blut.

Sehnen verbinden Muskeln und Knochen.

Die Leber reinigt das Blut.

Verdauungs-system

Dünndarm

1 SYSTEM
Das Verdauungssystem ist eines von 12 Systemen. Die anderen sind Haut, Skelett, Muskulatur, Nerven, endogenes und lymphatisches System, Kreislauf, Abwehr und Atmung, Harnwege und Fortpflanzungsorgane. Das Verdauungssystem baut Nahrung ab, damit sie von den Körperzellen genutzt werden kann. Dabei hat jedes Organ eine bestimmte Aufgabe.

2 ORGAN
Der Dünndarm ist ein langer Verdauungsschlauch. Hier endet der Abbau von Nahrung in einfache Bestandteile, die vom Blut aufgenommen werden. Muskulatur schiebt den Nahrungsbrei voran. Andere Gewebe sorgen für Blutzufuhr und Nervensignale. Epithelgewebe, die den Dünndarm auskleiden, kontrollieren die Nährstoffaufnahme ins Blut.

3 GEWEBE
Die Auskleidung des Dünndarms besitzt Millionen mikroskopisch kleiner, fingerförmiger Ausstülpungen, die Villi. Sie werden von einem Gewebe, dem Säulenepithel (orange), bedeckt. Seine Außenfläche ist mit kleinen Mikrovilli bedeckt (grün). Dadurch entsteht eine riesige Oberfläche zur Nährstoffaufnahme.

4 ZELLEN
Die Epithelzellen auf einem Villus sind eng zusammengepackt. Dadurch können Nährstoffe und Verdauungssäfte nicht zwischen ihnen durch in die darunter liegenden Stützgewebe eindringen. Aufgrund der starken Beanspruchung werden Epithelzellen alle paar Tage erneuert.

5 CHROMOSOM
Jede Zelle besitzt ein Kontrollzentrum, den Kern, der 46 Chromosomen enthält. Normalerweise liegen diese als lange Fäden vor. Wenn sich die Zelle teilt, rollen sie sich fest X-förmig zusammen (s. o.). Chromosomen enthalten die verschlüsselten Anweisungen, die Gene, die der Körper zum Bau von Geweben, Organen und Systemen benötigt.

6 DNA
Jedes Chromosom besteht aus Desoxyribonukleinsäure (DNA). Die DNA besitzt zwei Stränge, die eine Doppelspirale (Doppelhelix) bilden. Diese Stränge bestehen aus miteinander verbundenen chemischen Stoffen, den Basen (blau, grün, rot, gelb), deren Abfolge den Anweisungen des Gens für Aufbau oder Steuerung des Körpers entspricht.

Legenden, Magie und Medizin

Vor Tausenden von Jahren machten die ersten Menschen Skulpturen und Höhlenmalereien von menschenähnlichen Gestalten. Mit zunehmender Zivilisierung hatten die Menschen immer stärkeres Interesse an ihrer Umgebung und ihrem Körper. Die alten Ägypter mumifizierten Tausende Körper, aber ihr medizinisches Wissen ging überwiegend verloren. Bis zur Zeit der alten Griechen war die Behandlung Kranker und Verletzter eng mit Mythen, Magie und Aberglaube verbunden. Krankheiten galten als das Werk von Göttern und Dämonen. Der „Vater der Medizin", der griechische Arzt Hippokrates (um 460–377 v. Chr.), lehrte, dass Krankheiten nicht von den Göttern gesandt werden, sondern medizinische Krankheitsbilder sind, die erkannt und behandelt werden können. Im Römischen Reich stellte Galen (129–199 n. Chr.) Theorien zur Anatomie und Physiologie auf, die für Jahrhunderte Geltung hatten. Mit abnehmendem Einfluss der Römer breitete sich das medizinische Wissen nach Persien aus, wo die Lehren von Hippokrates und Galen von Ärzten wie Avicenna (980–1037 n. Chr.) weiterentwickelt wurden.

URGESCHICHTLICHE KUNST
Diese Steinmalerei mit natürlichen Pigmenten aus Pflanzensaft und Mineralien stammt aus dem Kakudu-Nationalpark in Australien. Bilder der Anatomie von Mensch und Tier wurden bereits vor 4000 Jahren durch die Aborigines festgehalten.

LÖCHER IM KOPF
Dieser 4000 Jahre alte Schädel aus Jericho (Israel) zeigt die Folgen einer Trepanation, das Bohren von Löchern in den Schädel. Vermutlich wurde sie durchgeführt, um böse Geister aus dem Gehirn freizulassen. Die Löcher sind teilweise verheilt, also überlebte die Person. Die moderne Chirurgie verwendet ein ähnliches Verfahren, die Kraniotomie, um das Gehirn vom Druck durch Blutungen ins Schädelinnere zu befreien.

ÄGYPTISCHE KONSERVIERUNG
Vor etwa 5000 Jahren glaubten die Ägypter, dass die Seele nach dem Tod weiterhin im Körper verweilt, sofern dieser als lebensnahe Mumie erhalten bleibt. Dazu wurden die Körperorgane entfernt und in Krügen aufbewahrt, der Körper mit Natronsalz ausgetrocknet und einbalsamiert, damit er nicht verwest, dann mit Ölen parfümiert, in Tücher eingewickelt und in einen Sarg gelegt.

CHIRURGISCHES OPFER
Viele alte Kulturen opferten ihren Göttern und Geistern Menschen und Tiere. Im 14. und 15. Jh. beherrschten die Azteken das heutige Mexiko. Sie glaubten, dass ihr Sonnen- und Kriegsgott Huitzilopochtli die Sonne aufgehen und sie im Kampf siegreich sein lässt, wenn sie ihm täglich Blut, Gliedmaßen und Herzen von lebenden Menschen spenden. Durch dieses grausame Ritual erlangten sie Wissen über die inneren Organe.

Die inneren Organe wurden durch eine Öffnung in der Seite entfernt und getrennt in Extragefäßen aufbewahrt.

Das als nutzlos geltende Gehirn wurde durch die Nase entfernt und weggeworfen.

Das Herz, das als Zentrum des Seins galt, blieb in der Brust.

CHINESISCHE KANÄLE

Der vor 2300 Jahren geschriebene *Innere Kanon des gelben Herrschers* beschreibt einige Körperteile, enthält aber nur wenig anatomisches Wissen. Darin wird die Akupunkturbehandlung beschrieben, die auf dem Fluss des unsichtbaren Chi, der Lebensenergie, entlang der zwölf Körperkanäle (Meridiane) beruht. Entlang dieser Meridiane werden Nadeln eingestochen. Dadurch werden Energiefluss und Gesundheit durch die als Yin (kalt und weiblich) und Yang (warm und männlich) bezeichneten Körperkräfte wiederhergestellt.

CLAUDIUS GALEN

Der im alten Griechenland geborene Claudius Galen verbrachte den Großteil seines Lebens in Rom, wo er eine Leitfigur der Medizin wurde. Als junger Arzt behandelte Galen Gladiatoren und beschrieb deren Wunden. Zu dieser Zeit war die Sektion von Menschen (S. 10–11) verboten. Daher studierte Galen die Anatomie von Tieren und übertrug seine Erkenntnisse auf den Menschen. Dies erklärt, warum Galen trotz seiner zahlreichen Erkenntnisse viele schwere Fehler machte. Seine fehlerhaften Ideen wurden für fast 1500 Jahre akzeptiert, ohne sie zu hinterfragen.

Galen hatte viele Jahrhunderte lang einen großen Einfluss auf Europa und die islamische Welt.

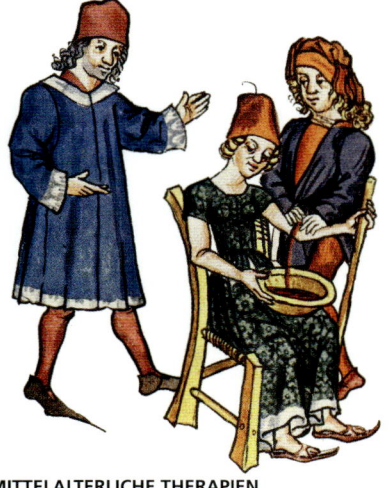

Hippokrates glaubte, dass Ärzte im besten Interesse ihrer Patienten handeln sollten.

BEWAHRUNG VON WISSEN

Dieses Bild stammt aus der Übersetzung des *Kanon der Medizin* von 1610. Diese Enzyklopädie wurde um 1025 von dem persischen Arzt Avicenna verfasst. Er führte als Erster medizinische Versuche am Menschen durch. Avicenna baute auf dem Wissen von Galen und Hippokrates auf, dessen Arbeiten überlebten, da sie nach Persien gelangten und in der islamischen Welt verbreitet wurden. Nachdem der Islam um 711 Spanien erreichte, gelangten auch ihre Ideen wieder nach Europa.

MITTELALTERLICHE THERAPIEN

Der Aderlass mit einem Messer oder einem blutsaugenden Egel war im Mittelalter ein traditionelles, aber brutales Mittel gegen alle Sorten von Krankheiten. Nur wenige Ärzte interessierte der Nutzen der Behandlung. Wissenschaftliche Beurteilungen, wie das Führen von Patientenakten und die Überprüfung von Fortschritten wurden erst im 17. Jh. entwickelt.

Das Einbalsamieren trocknet die Muskeln, die schrumpfen, sodass die Knochen sichtbar werden.

Avicenna, der persische Anatom, baute auf den Lehren der Römer und Griechen auf.

Durch Einbalsamierung und Alter wurde die Haut dunkel und ledrig.

Zehennägel bestehen aus toten Zellen und blieben intakt.

Studium und Sektion

Es überrascht nicht weiter, dass die Lehre des Arztes Claudius Galen (S. 8–9) fehlerhaft war, da sie auf dem Studium des Inneren von Tieren und der Wunden römischer Gladiatoren beruhte. Aus traditionellen und religiösen Gründen war es im Mittelalter zwischen dem 5. und 15. Jahrhundert verboten, Galens Arbeiten anzuzweifeln und Sektionen durchzuführen, das präzise Aufschneiden eines Körpers, um seinen Aufbau zu untersuchen. Am Ende der Renaissance wurde dieser Bann jedoch gelockert. Kunst, Architektur und Wissenschaft breiteten sich wiedererwacht zwischen dem 14. und 17. Jahrhundert in Europa aus. In Italien führte Andreas Vesalius (1514–1564) sorgfältige, präzise Sektionen durch und zog seine eigenen Schlüsse aus seinen Beobachtungen, statt blindlings die jahrhundertealten Ansichten zu wiederholen. Durch Hinterfragen und Korrektur von Galens Lehre revolutionierte Vesalius die Wissenschaft der Anatomie und läutete ein neues medizinisches Zeitalter ein.

RESPEKT VOR DEN TOTEN
Im Mittelalter war das Leben für viele Menschen unwichtiger als das Hinterher – der Tod und der Aufstieg in den Himmel. Der Körper war nur die vorübergehende Wohnstätte der Seele. Irdische Belange, wie das Körperinnere, waren uninteressant. Sektionen waren verboten.

ANATOMIETHEATER
Mondino dei Liucci (um 1270–1326), ein Professor in Bologna (Italien), gilt als Restaurator der Anatomie. Er führte die Sektion menschlicher Körper ein, stützte sich aber weiterhin stark auf Galens Theorien. Sein Handbuch *Anatomie* von 1316 blieb bis zu Lebzeiten von Vesalius sehr beliebt. Im späten 16. Jh. erlangte das Bemühen um den Körper öffentliche Aufmerksamkeit, sodass an zahlreichen Universitäten Anatomietheater gebaut wurden. Dieser Stich von 1610 zeigt das Anatomietheater in Leiden (Niederlande). Zuschauer blickten von der Galerie auf den Professor oder seinen Assistenten hinab, der die Sektion durchführte.

Starker, dicker Metallrahmen

Endschraube zur Entfernung des Sägeblatts

BRUCH MIT DER TRADITION
Im 16. Jh. war Padua die „Hauptstadt" der italienischen Anatomie und Medizin. 1536 kam Andreas Vesalius an. Seine überragenden Fähigkeiten wurden rasch erkannt und im folgenden Jahr wurde er Professor für Anatomie. Nach der Übersetzung früher medizinischer Texte war Vesalius unzufrieden mit den alten Lehren. Er glaubte lieber, was er mit eigenen Augen sah, und begann, ein eigenes Buch zu schreiben. Nachdem er damit fertig war, wurde er Hofarzt am spanischen Königshaus.

ERSTES WISSENSCHAFT-LICHES ANATOMIEBUCH
Nach vier Jahren und zahlreichen Sektionen veröffentlichte Vesalius 1543 sein Buch *Über den Bau des menschlichen Körpers*. Die beeindruckenden, lebensechten Bilder und der beschreibende Text waren sensationell und skandalös, weil sie die traditionellen Lehren infrage stellten.

STUDIENOBJEKTE

Erhängte Kriminelle waren eine stete Quelle von Sektionsobjekten. In der *Anatomie des Nicholas Tulp* (1632), einem berühmten Gemälde des holländischen Malers Rembrandt, wurde der Räuber Aris Kindt präpariert. Auf dem Bild zeigt Dr. Tulp am sektionierten Unterarm, wie die Unterarmbeugemuskeln die Finger beugen. Anatomiestunden waren Übungen für Ärzte und Chirurgen und für die interessierte Öffentlichkeit zugänglich.

FRAUEN UND ANATOMIE

Bis ins 19. Jh. wurden der Aufbau des Menschen und seine Funktion fast ausschließlich von Männern studiert. Frauen spielten in der Medizin kaum eine Rolle. Nur Hebammen waren schon immer Frauen. Diese schwedischen Frauen, die auf einer Fotografie von etwa 1880 Anatomie lernen, werden vermutlich zu Hebammen ausgebildet.

Zweiseitige kleine Sonde

Dünnes Ende

Tropfenförmiges Ende

Hakenspitze

Hakennadel

Holzgriff

Die Klinge kann geschärft werden.

Skalpell

Entfernter Schädel, sodass das Gehirn freiliegt

Nadelartige Spitzen

Feine Zange (Pinzette)

Gerillte, gespreizte Spitzen zum Greifen

Klemmschere

Die Griffe erinnern an eine Schere.

Abgezogene Muskelschicht

HANDWERKSZEUG

Diese chirurgischen Instrumente aus dem 19. Jh. wurden aus Messern, Scheren, Sägen und Sonden der Anatomen der Renaissance, wie Vesalius, weiterentwickelt. Heute verwenden Chirurgen ähnliche und durch moderne Technik auch vielfältigere Instrumente, z. B. Elektrosägen und Laserskalpelle. Jedes Instrument hat seine Aufgabe, vom Durchtrennen fester Knochen bis zum Sondieren feiner Nerven und Blutgefäße.

WACHSMODELL

Dieses außergewöhnliche Wachsmodell zeigt den präparierten Kopf und Hals eines Mannes mit Muskeln, Nerven und Blutgefäßen sowie das Gehirn. Im 18. und 19. Jh. waren genau eingefärbte dreidimensionale Wachsmodelle wie dieses ausgezeichnete Lehrstücke für Ärzte in Ausbildung.

Instrumente, die in der zweiten Ausgabe von Vesalius' Buch dargestellt sind

Gezacktes Sägeblatt

Große Knochensäge

Schraube zum Spannen des Sägeblatts

Geformter Holzgriff, der sich der Hand anpasst

Unter dem Mikroskop

Zu Beginn des 17. Jahrhunderts entwickelten wissenschaftliche Instrumentenbauer in den Niederlanden ein Vergrößerungsgerät, das Mikroskop. Zum ersten Mal betrachteten Wissenschaftler angeleuchtete Objekte, die mit bloßem Auge nicht zu erkennen sind, durch qualitativ hochwertige Glaslinsen. Zu den ersten Anwendern gehörten Antonis van Leeuwenhoek und Marcello Malpighi. Mit selbst gebauten Mikroskopen zeigten sie, dass Lebewesen aus vielen kleinen Einheiten bestehen, die einer der Mitbegründer der englischen Königlichen Gesellschaft (einer auch heute noch existierenden Organisation führender Wissenschaftler) 1665 als „Zellen" bezeichnete. Robert Hooke (1635–1703) entdeckte unter dem Mikroskop in Pflanzengewebe kastenförmige Abschnitte, die er mit den Zellen oder Räumen von Mönchen in einem Kloster verglich. Ein Begriff, der seitdem Verwendung findet. Im 20. Jh. wurde eine neue Form des Mikroskops eingeführt, die statt Licht Elektronen verwendet und weitaus mehr über Aufbau und Funktion von Zellen verrät.

PIONIER DER HISTOLOGIE
Der italienische Forscher Marcello Malpighi (1628–1694) ist der Begründer der mikroskopischen Anatomie und ein Pionier der Gewebelehre (Histologie). Malpighi entdeckte als Erster die Kapillaren, die kleinen Blutgefäße, die Arterien und Venen verbinden. Außerdem beschrieb er die Urinfilterung in den Nieren. 1668 wurde Malpighi als erster Italiener in die Königliche Gesellschaft aufgenommen.

Linse zwischen den Platten

Nadel zur Befestigung des Objekts

Schraube zum Fokussieren des Objekts

Griff, um die Linse dicht vors Auge zu halten

VIELSEITIGER BEOBACHTER
Antonis van Leeuwenhoek (1632–1723) war ein holländischer Tuchhändler, der sich selbst in seiner Freizeit das Mikroskopieren beibrachte und sich mit Wissenschaft befasste. Mit seinen selbst gefertigten Mikroskopen beobachtete er u. a. als Erster Blutzellen und Spermien. 1683 entdeckte er in seinem abgekratzten Zahnbelag Bakterien. Die Königliche Gesellschaft veröffentlichte viele seiner Beschreibungen und nahm ihn schließlich als Mitglied auf.

Die Okularlinse vergrößert das von der Objektlinse erzeugte Bild.

Die starke Objektlinse fängt Licht vom Objekt auf und erzeugt ein Bild.

Linsenrohr

Objekttisch

Von unten beleuchtetes Objekt

Linse bündelt die Lichtstrahlen vom Spiegel.

Schrauben zur Höhenverstellung des Tischs beim Scharfstellen

Dreibeinfuß

Spiegel reflektiert Licht von Lampe oder Fenster.

SELBST GEFERTIGTE LINSEN
Zu Zeiten von van Leeuwenhoek hatten Mikroskope meist zwei Linsen (siehe rechts). Seine Version, die in Originalgröße oben abgebildet ist, besaß eine winzige Linse, die er in einem geheimen Verfahren hergestellt hatte. Seine Linsen erzeugten ein überraschend scharfes und klares Bild und zeigten Zellen, Gewebe und kleine Organismen mit bis zu 275-facher Vergrößerung. Er stellte etwa 400 Mikroskope her.

a b c d e f g h

MIKROSKOPISCHE ZEICHNUNGEN
Heute wird meistens mittels Fotografie dauerhaft festgehalten, was unter dem Mikroskop zu erkennen ist. Die ersten Anwender von Mikroskopen, wie Malpighi, van Leeuwenhoek und Hooke, fertigten dazu Zeichnungen und Beschreibungen an. Diese Zeichnungen von van Leeuwenhoek belegen, dass er als Erster Samenzellen entdeckte.

VERBUNDMIKROSKOP
Van Leeuwenhoeks „einfache" Mikroskope bestanden nur aus einer Linse, während die meisten Lichtmikroskope – die das Objekt mit Licht ausleuchten – aus zwei oder mehr Linsen zusammengesetzt sind. Dieses Modell aus dem 19. Jh. besitzt alle Bauteile moderner Verbundmikroskope. Zum Scharfstellen wird der Objekttisch nach oben und unten gefahren, während bei neueren Modellen das Linsenrohr bewegt wird.

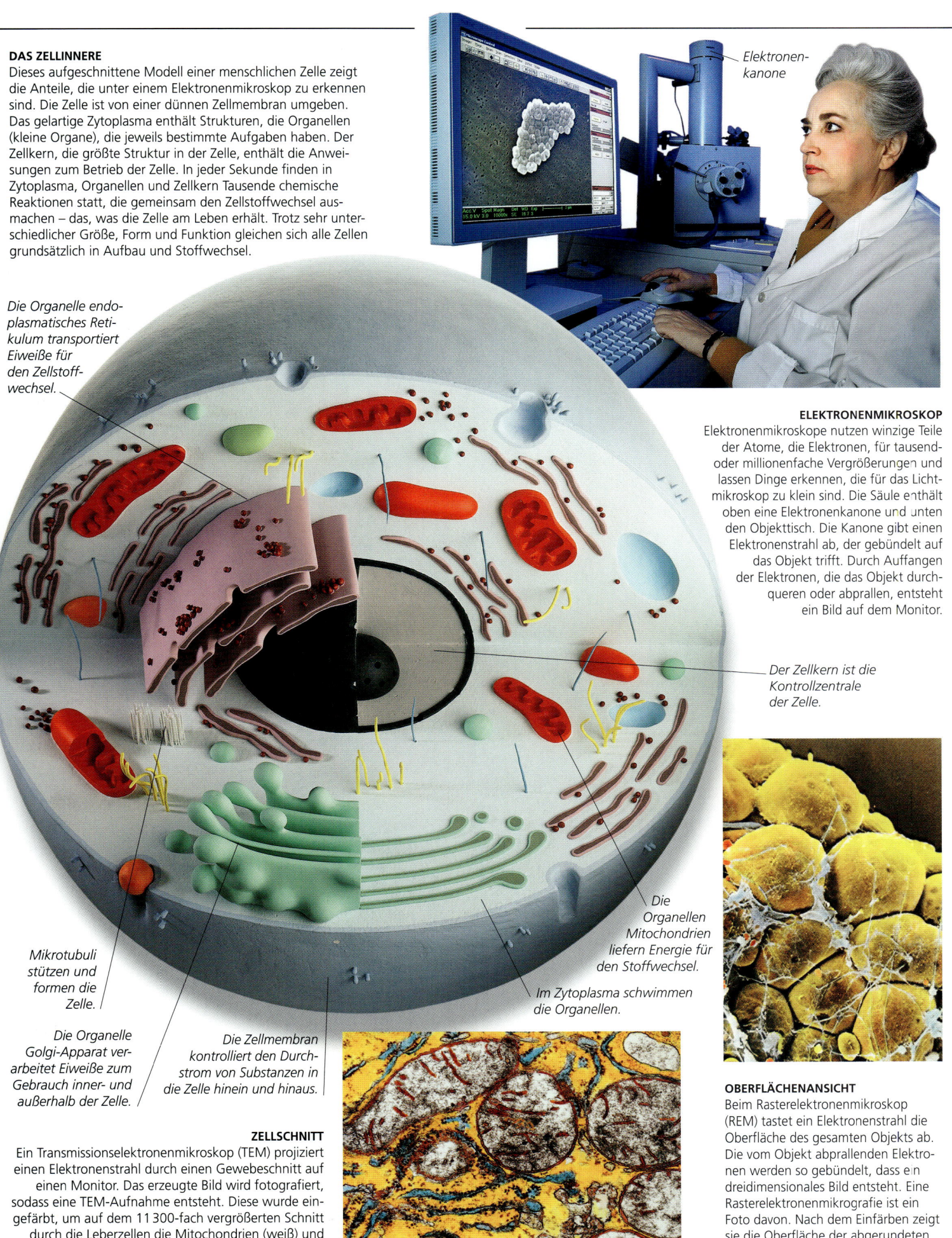

DAS ZELLINNERE

Dieses aufgeschnittene Modell einer menschlichen Zelle zeigt die Anteile, die unter einem Elektronenmikroskop zu erkennen sind. Die Zelle ist von einer dünnen Zellmembran umgeben. Das gelartige Zytoplasma enthält Strukturen, die Organellen (kleine Organe), die jeweils bestimmte Aufgaben haben. Der Zellkern, die größte Struktur in der Zelle, enthält die Anweisungen zum Betrieb der Zelle. In jeder Sekunde finden in Zytoplasma, Organellen und Zellkern Tausende chemische Reaktionen statt, die gemeinsam den Zellstoffwechsel ausmachen – das, was die Zelle am Leben erhält. Trotz sehr unterschiedlicher Größe, Form und Funktion gleichen sich alle Zellen grundsätzlich in Aufbau und Stoffwechsel.

Elektronenkanone

Die Organelle endoplasmatisches Retikulum transportiert Eiweiße für den Zellstoffwechsel.

ELEKTRONENMIKROSKOP

Elektronenmikroskope nutzen winzige Teile der Atome, die Elektronen, für tausend- oder millionenfache Vergrößerungen und lassen Dinge erkennen, die für das Lichtmikroskop zu klein sind. Die Säule enthält oben eine Elektronenkanone und unten den Objekttisch. Die Kanone gibt einen Elektronenstrahl ab, der gebündelt auf das Objekt trifft. Durch Auffangen der Elektronen, die das Objekt durchqueren oder abprallen, entsteht ein Bild auf dem Monitor.

Der Zellkern ist die Kontrollzentrale der Zelle.

Mikrotubuli stützen und formen die Zelle.

Die Organelle Golgi-Apparat verarbeitet Eiweiße zum Gebrauch inner- und außerhalb der Zelle.

Die Zellmembran kontrolliert den Durchstrom von Substanzen in die Zelle hinein und hinaus.

Die Organellen Mitochondrien liefern Energie für den Stoffwechsel.

Im Zytoplasma schwimmen die Organellen.

ZELLSCHNITT

Ein Transmissionselektronenmikroskop (TEM) projiziert einen Elektronenstrahl durch einen Gewebeschnitt auf einen Monitor. Das erzeugte Bild wird fotografiert, sodass eine TEM-Aufnahme entsteht. Diese wurde eingefärbt, um auf dem 11 300-fach vergrößerten Schnitt durch die Leberzellen die Mitochondrien (weiß) und das endoplasmatische Retikulum (blau) darzustellen.

OBERFLÄCHENANSICHT

Beim Rasterelektronenmikroskop (REM) tastet ein Elektronenstrahl die Oberfläche des gesamten Objekts ab. Die vom Objekt abprallenden Elektronen werden so gebündelt, dass ein dreidimensionales Bild entsteht. Eine Rasterelektronenmikrografie ist ein Foto davon. Nach dem Einfärben zeigt sie die Oberfläche der abgerundeten Fettzellen 530-fach vergrößert.

Der Blick in den Körper

Bis ins 19. Jahrhundert konnte man nur in den Körper schauen, wenn man ihn dafür aufschnitt oder Wunden verletzter Soldaten betrachtete. Die Erfindung des Augenspiegels 1851, einem Vorläufer der heute verwendeten Instrumente, erlaubte den Ärzten erstmals einen Blick ins Auge eines Patienten. 1895 entdeckte der deutsche Physiker Wilhelm Conrad Röntgen (1845–1923) die Röntgenstrahlen und bildete mit ihnen Knochen ab, ohne den Körper aufzuschneiden. Heute stehen Ärzten und Wissenschaftlern neben den Röntgenstrahlen noch viele andere bildgebende Verfahren zur Verfügung, die in den letzten 40 Jahren entwickelt wurden. Damit können sie in Gewebe nach Krankheitszeichen suchen und herausfinden, wie der Körper funktioniert.

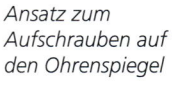

KRIEGSVERLETZUNGEN
Diese Zeichnung aus einem deutschen medizinischen Handbuch von 1540 zeigt Chirurgen, wie sie auf dem Schlachtfeld eine Pfeilspitze herausoperieren. Solche Verletzungen erlaubten es den Ärzten, Organe und Gewebe im lebenden Körper genauer zu betrachten.

Schraube zum Spreizen des Nasenstücks, um das Nasenloch offenzuhalten

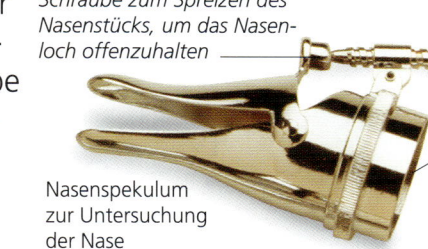

Nasenspekulum zur Untersuchung der Nase

Winkelspiegel zur Betrachtung

Ansatz zum Aufschrauben auf den Ohrenspiegel

Linsenrad mit Vergrößerungslinsen zur Augenuntersuchung

Die Fingerknochen sind gut zu erkennen.

Spiegelkopf des Kehlkopfspiegels

Zungenspatel des Kehlkopfspiegels

Lichtquelle an der Spitze

Die trichterförmige Spitze wird in den Gehörgang eingeführt.

Ansatz zum Aufschrauben der Aufsätze

Metallringe und Schlüsselkette

GEHEIMNISVOLLE STRAHLEN
Für diese Röntgenaufnahme aus dem Jahr 1896 wurde Röntgenstrahlung durch die Hand einer Frau auf eine Fotoplatte geleitet. Harte Substanzen wie Knochen und Metall sind gut zu erkennen, da sie Röntgenstrahlen aufnehmen. Weichgewebe sind nicht zu erkennen, da sie Röntgenstrahlen durchlassen.

Kopf des Ohrspiegels zur Untersuchung des Gehörgangs

Griff

COMPUTERTOMOGRAFIE
Bei einer Computertomografie wird mithilfe von Röntgenstrahlen und einem Computer in den Körper geblickt. Ein um den still liegenden Patienten kreisender Scanner sendet durch dessen Körper einen schmalen Röntgenstrahl zu einem Detektor. Es entstehen zweidimensionale Schnittbilder des Körpers mit Darstellung von Weich- und Hartgeweben. Ein Computer kombiniert diese Schichtbilder zu einem dreidimensionalen Bild eines Körperteils, wie dem lebenden Herz.

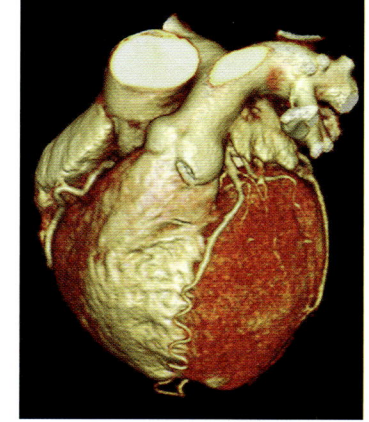

Kopf des Kehlkopfspiegels zur Rachenuntersuchung

KOMBINATIONSGERÄTE ZUR SPIEGELUNG
Heute setzen Ärzte diese Mehrzweckinstrumente routinemäßig ein, um Patienten zu untersuchen. Der Gerätesatz umfasst einen Griff, der Batterien und eine Lichtquelle enthält, sowie zahlreiche Aufsätze zur Spiegelung von Ohren, Rachen, Nase und Augen. Mit dem Augenspiegelaufsatz kann der Arzt in das Auge des Patienten leuchten und hineinschauen. Die Linsen helfen bei der Scharfstellung des inneren Auges und dem Erkennen etwaiger Krankheiten.

Augenspiegel

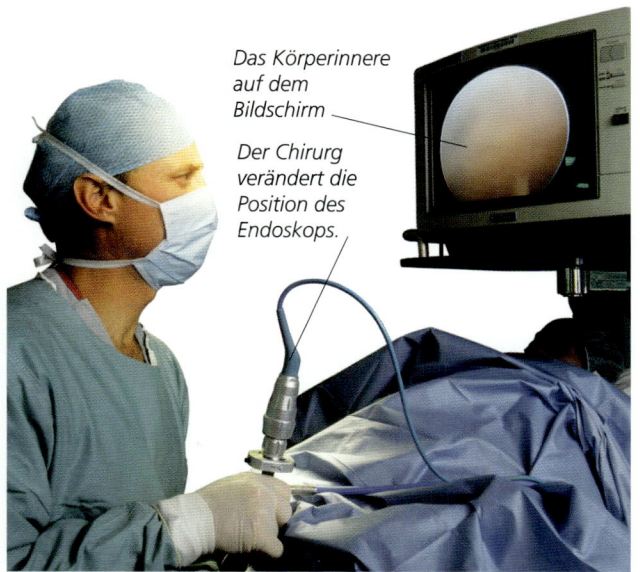

Das Körperinnere auf dem Bildschirm

Der Chirurg verändert die Position des Endoskops.

ENDOSKOP

Mit dem dünnen, schlauchförmigen Endoskop untersuchen Chirurgen Gewebe und blicken in Gelenke. Endoskope können durch natürliche Körperöffnungen eingeführt werden, wie den Mund, oder durch kleine Einschnitte in der Haut, wie hier gezeigt. Lange optische Fasern im Endoskop sorgen für helles Licht zur Ausleuchtung des Körperinneren und senden Bilder zurück, die auf einem Monitor betrachtet werden.

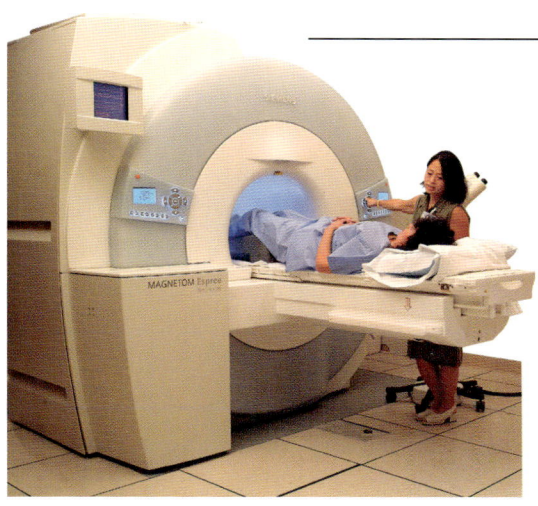

MAGNETE UND RADIOWELLEN

Ein Magnetresonanztomograf erzeugt mit Magneten und Radiowellen Bilder von Geweben und Organen. Im Scanner wird der Patient einem Magnetfeld ausgesetzt, das die Wasserstoffatome in seinem Körper ausrichtet, die anschließend durch Schübe von Radiowellen wieder in ihre Ausgangsposition gebracht werden. Bei der erneuten Ausrichtung durch das Magnetfeld geben die Atome schwache Radiosignale ab. Diese sind bei den Geweben unterschiedlich, werden vom Computer aufgefangen und in Bilder umgewandelt.

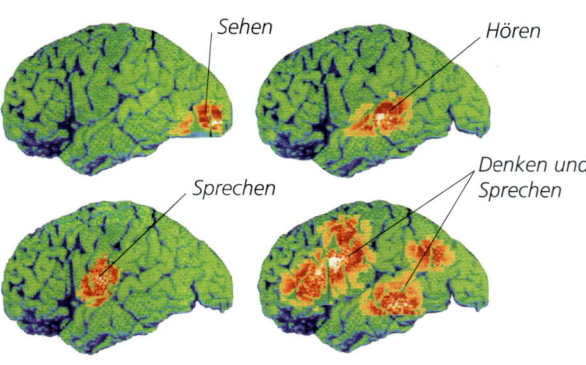

Sehen

Hören

Sprechen

Denken und Sprechen

ARBEITENDE GEWEBE

Die Positronen-Emissionstomografie zeigt die Aktivität bestimmter Körpergewebe. Zunächst wird eine besondere Form von Traubenzucker ins Blut gespritzt, um die arbeitenden Gewebe mit Energie zu versorgen. Beim Abbau des Zuckers in den Geweben werden Partikel freigesetzt, die nachgewiesen und in ein Bild umgewandelt werden können. Auf diesen Bildern sind die beim Sehen, Hören, Sprechen und Denken aktiven Gehirnbereiche (rot/gelb) zu erkennen. Mithilfe derartiger Bilder wurden Gehirnkarten angelegt.

Gehirn im Schädel

Linke Lunge im Brustkorb

GANZKÖRPERSCAN

Diese Magnetresonanztomografie zeigt einen senkrechten Schnitt durch den Körper eines Mannes. Das Bild entsteht durch die Kombination vieler Teilbilder entlang des Körpers. Die ursprünglichen Schwarz-Weiß-Aufnahmen wurden gefärbt, um unterschiedliche Organe und Gewebe besser unterscheiden zu können. Am Kopf ist z. B. das Gehirn in Grün zu erkennen, die Lunge im Brustkorb ist blau und die großen Skelettknochen sind orangefarben.

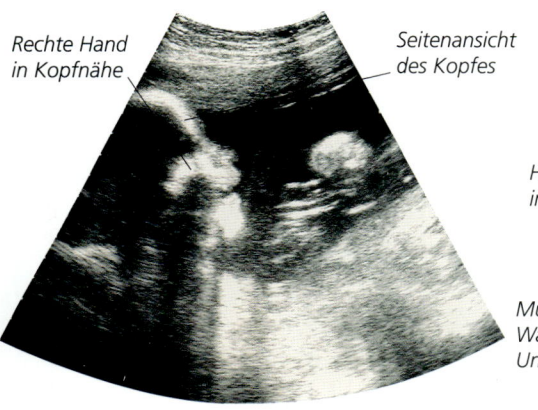

Rechte Hand in Kopfnähe

Seitenansicht des Kopfes

Harnblase im Unterleib

Muskulöse Wade im Unterschenkel

Oberschenkelknochen, der von der Hüfte bis zum Knie reicht

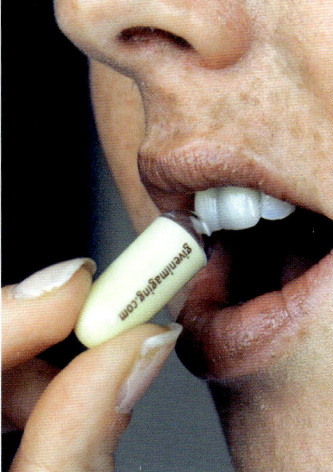

VOM SCHALL ZUM BILD

Ultraschall ist eine sehr sichere Möglichkeit, um bewegliche Objekte zu betrachten, wie diesen Fetus im Mutterleib. Hochfrequente, nicht hörbare Schallwellen werden in den Körper gesendet und prallen von den Geweben ab. Ein Computer wandelt diese Echos in Bilder um.

VIDEOKAPSEL

Dieses Kapselendoskop (oder Videokapsel) wird zum Auffinden von Schäden oder Krankheiten im Verdauungssystem verwendet. Es enthält eine winzige Kamera, eine Lichtquelle und einen Sender. Nach dem Verschlucken macht die Videokapsel Bilder von ihrer Reise durch das Verdauungssystem. Diese Bilder werden an einen Empfänger außerhalb des Körpers übertragen.

Das Körpergerüst

Nachdem ein menschlicher Körper sein Lebensende erreicht hat, verwesen die weichen Teile und zurück bleibt das harte innere Gerüst aus 206 Knochen. Diese biegsame, knöcherne Struktur wird als Skelett bezeichnet und dient beim Lebenden dazu, den Körper zu stützen und zu formen. Das Skelett umgibt und schützt Organe, wie Gehirn und Herz, damit sie nicht verrutschen und verletzt werden. Außerdem dienen Knochen den Muskeln als Ansatzstellen, die das Skelett und damit den Körper bewegen. Knochen bleiben noch lange nach dem Tod erhalten, sodass die früheren Anatomen sie gut untersuchen konnten. Daher finden sich in vielen frühen medizinischen Lehrbüchern recht genaue Beschreibungen des menschlichen Skeletts. Heute setzen Ärzte und Wissenschaftler Technologien wie die Computertomografie ein (S. 14), um die Knochen direkt im lebenden Körper zu untersuchen.

SYMBOL DES TODES
Seit Langem sind Skelette Symbole für Gefahr, Krankheiten, Tod und Zerstörung, wie auf dieser Zeichnung „Tanz des Todes" aus dem 15. Jh. Im Mittelalter wurden die Skelette der am Galgen Erhängten als Warnung für andere hängen gelassen und wiegten sich im Wind.

KENNTNIS DER KNOCHEN
Jahrhundertelang galten Knochen als harte, leblose Stützen der sie umgebenden aktiven Weichgewebe. Allmählich erkannten die Anatomen, dass Knochen zwar starr, aber sehr lebendig sind und eigene Blutgefäße und Nerven besitzen. Hier untersucht der anerkannte mittelalterliche Chirurg Guy de Chauliac, Autor des Buches *Die große Chirurgie* (1363), einen Knochenbruch (Fraktur).

KÖRPERMECHANIK
Ein Skelett weist mehrere Grundlagen der Mechanik auf. So besitzt jeder Arm zwei Abschnitte mit langen Knochen, welche die Reichweite der Hand erhöhen oder wieder zusammenklappen können. Ingenieure haben dieses Prinzip bei Maschinen kopiert, wie bei diesen Kränen.

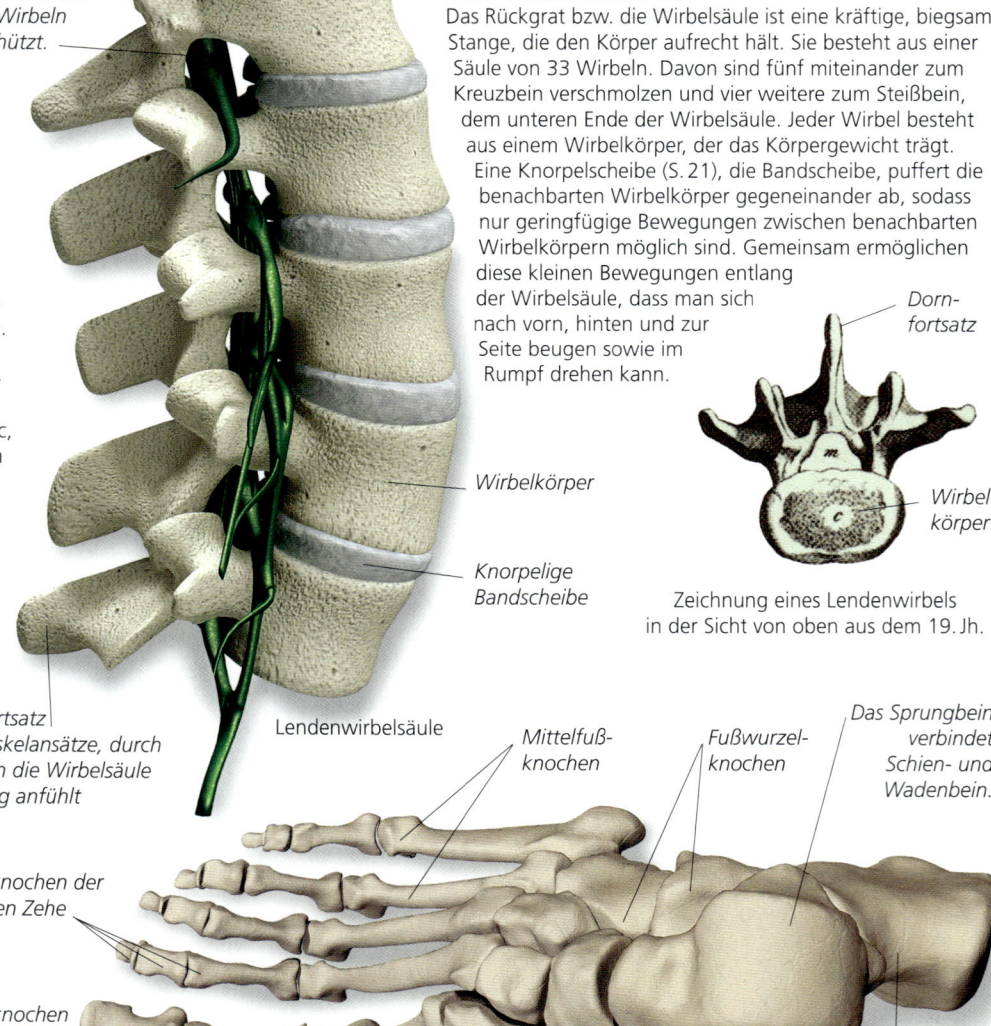

Das Rückenmark wird von den Wirbeln geschützt.

MENSCHLICHES RÜCKGRAT
Das Rückgrat bzw. die Wirbelsäule ist eine kräftige, biegsame Stange, die den Körper aufrecht hält. Sie besteht aus einer Säule von 33 Wirbeln. Davon sind fünf miteinander zum Kreuzbein verschmolzen und vier weitere zum Steißbein, dem unteren Ende der Wirbelsäule. Jeder Wirbel besteht aus einem Wirbelkörper, der das Körpergewicht trägt. Eine Knorpelscheibe (S. 21), die Bandscheibe, puffert die benachbarten Wirbelkörper gegeneinander ab, sodass nur geringfügige Bewegungen zwischen benachbarten Wirbelkörpern möglich sind. Gemeinsam ermöglichen diese kleinen Bewegungen entlang der Wirbelsäule, dass man sich nach vorn, hinten und zur Seite beugen sowie im Rumpf drehen kann.

Dornfortsatz

Wirbelkörper

Knorpelige Bandscheibe

Wirbelkörper

Zeichnung eines Lendenwirbels in der Sicht von oben aus dem 19. Jh.

Dornfortsatz für Muskelansätze, durch den sich die Wirbelsäule höckerig anfühlt

Lendenwirbelsäule

Zehenknochen der kleineren Zehe

Zehenknochen der Großzehe

Mittelfußknochen

Fußwurzelknochen

Das Sprungbein verbindet Schien- und Wadenbein.

Fersenbein

FUSSKNOCHEN
Die Füße tragen das gesamte Körpergewicht. Sie bestehen jeweils aus 26 Knochen: am Sprunggelenk sieben fest verbundene Mittelfußknochen (einschließlich Sprung- und Fersenbein), an der Sohle fünf Mittelfußknochen sowie in der Großzehe zwei und in den anderen Zehen je drei Zehenknochen.

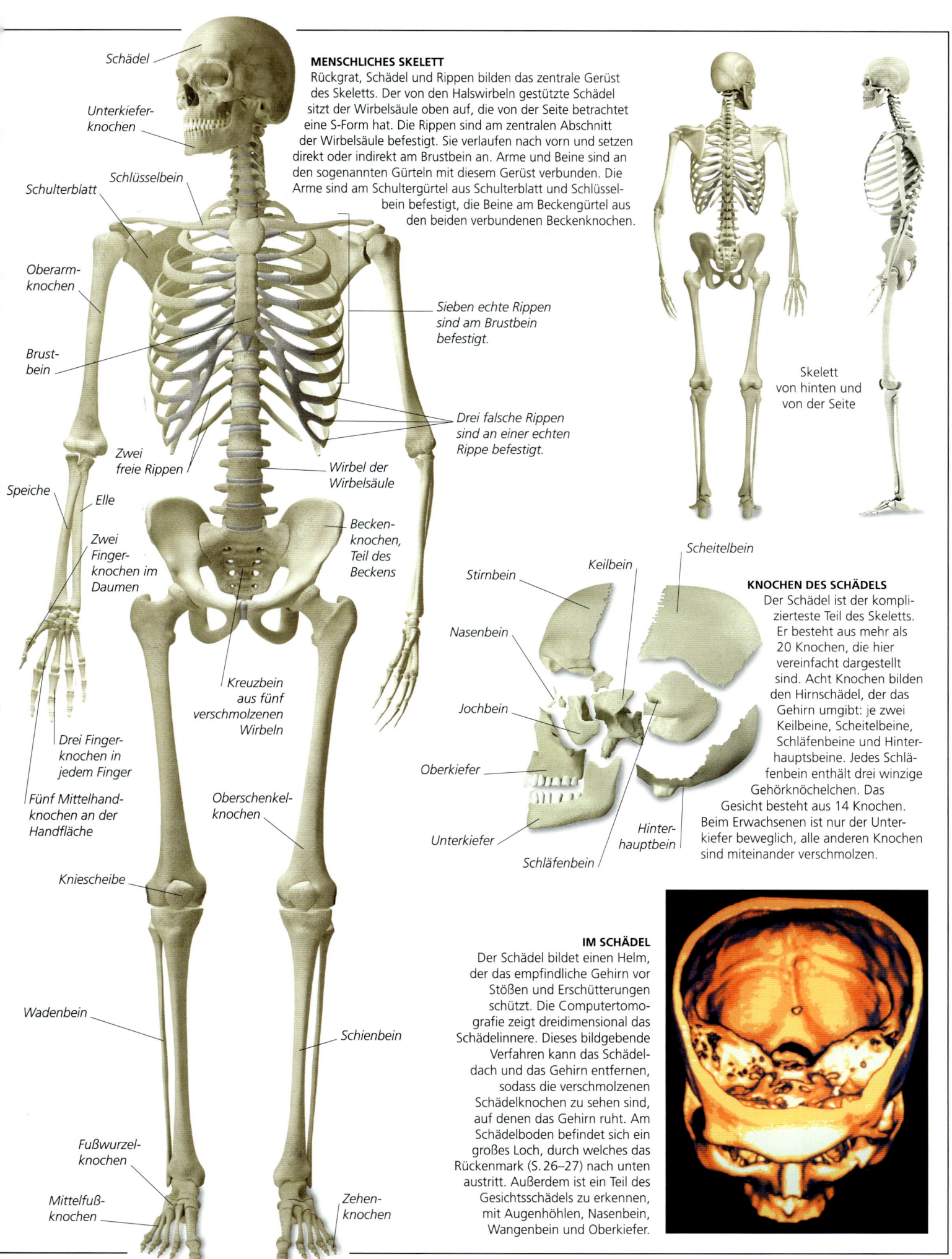

Schädel

Unterkiefer-
knochen

Schulterblatt

Schlüsselbein

Oberarm-
knochen

Brust-
bein

Speiche

Elle

Zwei
Finger-
knochen im
Daumen

Drei Finger-
knochen in
jedem Finger

Fünf Mittelhand-
knochen an der
Handfläche

Kniescheibe

Wadenbein

Fußwurzel-
knochen

Mittelfuß-
knochen

Zwei
freie Rippen

Kreuzbein
aus fünf
verschmolzenen
Wirbeln

Wirbel der
Wirbelsäule

Becken-
knochen,
Teil des
Beckens

Oberschenkel-
knochen

Schienbein

Zehen-
knochen

MENSCHLICHES SKELETT

Rückgrat, Schädel und Rippen bilden das zentrale Gerüst
des Skeletts. Der von den Halswirbeln gestützte Schädel
sitzt der Wirbelsäule oben auf, die von der Seite betrachtet
eine S-Form hat. Die Rippen sind am zentralen Abschnitt
der Wirbelsäule befestigt. Sie verlaufen nach vorn und setzen
direkt oder indirekt am Brustbein an. Arme und Beine sind an
den sogenannten Gürteln mit diesem Gerüst verbunden. Die
Arme sind am Schultergürtel aus Schulterblatt und Schlüsselbein befestigt, die Beine am Beckengürtel aus
den beiden verbundenen Beckenknochen.

Sieben echte Rippen
sind am Brustbein
befestigt.

Drei falsche Rippen
sind an einer echten
Rippe befestigt.

Skelett
von hinten und
von der Seite

Stirnbein

Nasenbein

Jochbein

Oberkiefer

Unterkiefer

Keilbein

Scheitelbein

Hinter-
hauptbein

Schläfenbein

KNOCHEN DES SCHÄDELS

Der Schädel ist der kompli-
zierteste Teil des Skeletts.
Er besteht aus mehr als
20 Knochen, die hier
vereinfacht dargestellt
sind. Acht Knochen bilden
den Hirnschädel, der das
Gehirn umgibt: je zwei
Keilbeine, Scheitelbeine,
Schläfenbeine und Hinter-
hauptbeine. Jedes Schlä-
fenbein enthält drei winzige
Gehörknöchelchen. Das
Gesicht besteht aus 14 Knochen.
Beim Erwachsenen ist nur der Unterkiefer beweglich, alle anderen Knochen
sind miteinander verschmolzen.

IM SCHÄDEL

Der Schädel bildet einen Helm,
der das empfindliche Gehirn vor
Stößen und Erschütterungen
schützt. Die Computertomografie zeigt dreidimensional das
Schädelinnere. Dieses bildgebende
Verfahren kann das Schädeldach und das Gehirn entfernen,
sodass die verschmolzenen
Schädelknochen zu sehen sind,
auf denen das Gehirn ruht. Am
Schädelboden befindet sich ein
großes Loch, durch welches das
Rückenmark (S. 26–27) nach unten
austritt. Außerdem ist ein Teil des
Gesichtsschädels zu erkennen,
mit Augenhöhlen, Nasenbein,
Wangenbein und Oberkiefer.

In den Knochen

Die in Museen ausgestellten Überreste der frühzeitlichen Menschen lassen oft vermuten, dass Knochen trockene, leblose Objekte sind. Tatsächlich sind sie innen feuchte, lebende Organe mit einem komplexen Gerüst aus harten Knochengeweben, Blutgefäßen und Nerven. Knochen ist so hart wie Stahl, wiegt aber nur ein Sechstel. Außerdem ist jeder Knochen geringfügig verformbar, sodass er Stöße und Schläge meist ohne zu brechen übersteht. Diese außergewöhnlichen Eigenschaften beruhen auf der Knochenstruktur. Knochengewebe besteht aus festen, flexiblen Kollagenfasern, die auch in Sehnen vorkommen, und um steinharte Mineralsalze gewickelt sind. Jeder Knochen besteht außen aus festem, dichtem Knochengewebe (Kompakta) und innen aus leichter, aber widerstandsfähiger Spongiosa. Ohne diese Innengestaltung wären die Knochen so schwer, dass sich der Körper nicht bewegen könnte.

WACHSENDER KNOCHEN
Beim Embryo entwickelt sich das Skelett aus biegsamem Knorpel (S. 21). Im Lauf der Zeit bilden sich im Knorpel Knochenkerne. Sie wachsen und breiten sich aus und wandeln den Knorpel in Knochen um. Dieses Röntgenbild einer Kleinkindhand zeigt wachsende Knochen (blau) und Lücken, in denen der Knorpel ersetzt wird.

Seil und Flaschenzug ziehen Knochen wieder in die richtige Lage.

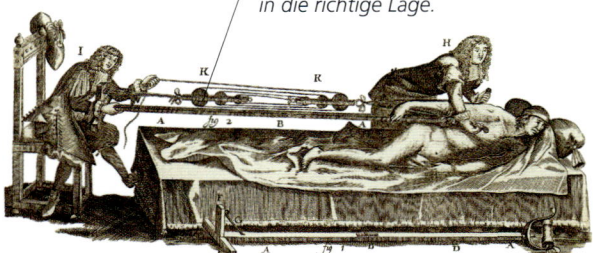

AUSRICHTEN VON KNOCHEN
Das Knochenrichten ist eine alte Kunst. Schon bei menschlichen Skeletten, die mehr als 100 000 Jahre alt sind, erkannte man, dass gebrochene Knochen gerichtet wurden. Hier wird ein gebrochener Arm mit einer Flaschenzugkonstruktion des 17. Jh. gerichtet.

Beckenknochen

DRUCKBESTÄNDIGKEIT
Bei Gewichtsbelastung verhindert die Knochenstruktur, dass sich der Knochen biegt. Beim Hüftgelenk (hier im Querschnitt gezeigt) tragen Kopf und Hals des Oberschenkelknochens das gesamte Körpergewicht. Spongiosa macht den größten Knochenanteil aus. Ihre Knochenbälkchen sind so ausgerichtet, dass sie einem Abwärtsdruck entgegenwirken. Die dünne äußere Kompaktaschicht verhindert auf der einen Seite des Oberschenkelknochens, dass er eingedrückt wird, und auf der anderen, dass er gedehnt wird.

Kopf und Hals des Oberschenkelknochens

Spongiosa

Kompakta widersteht Druckkräften.

IN EINEM RÖHRENKNOCHEN
Das Schnittbild unten zeigt einen Röhrenknochen. Die Kompakta bildet die harte äußere Schicht. Sie besteht aus parallelen Bündeln von Osteomen (siehe gegenüber), die als gewichtstragende Säulen dienen. Innen befinden sich leichtere Spongiosa sowie eine zentrale Knochenmarkhöhle. Die äußere Knochenhaut versorgt den Knochen mit Blutgefäßen.

Kompakta widersteht Dehnung.

Muskel

SPONGIOSA
Diese Rasterelektronenmikrografie (REM) von Spongiosa zeigt ein offenes Gerüst aus Streben, den Knochenbälkchen. Die Zwischenräume sind bei lebendem Knochen mit Knochenmark gefüllt. Obwohl die Knochenbälkchen scheinbar zufällig angeordnet sind, handelt es sich um eine solide Konstruktion. Spongiosa ist leichter als Kompakta und macht den Knochen leichter.

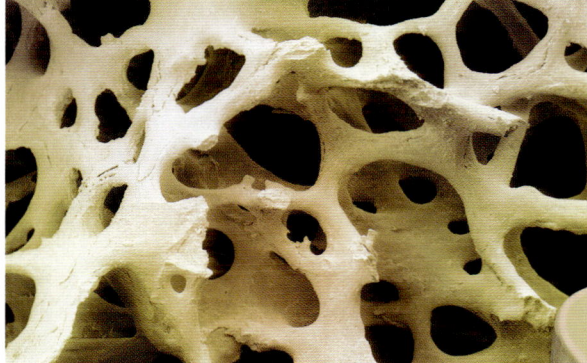

Der Knochenkopf besteht überwiegend aus Spongiosa.

Die Arterie versorgt die Knochenzellen mit sauerstoffreichem Blut.

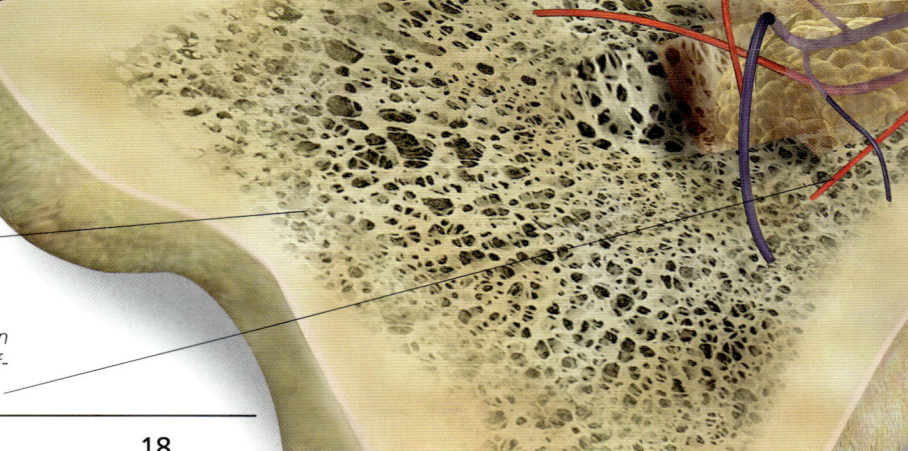

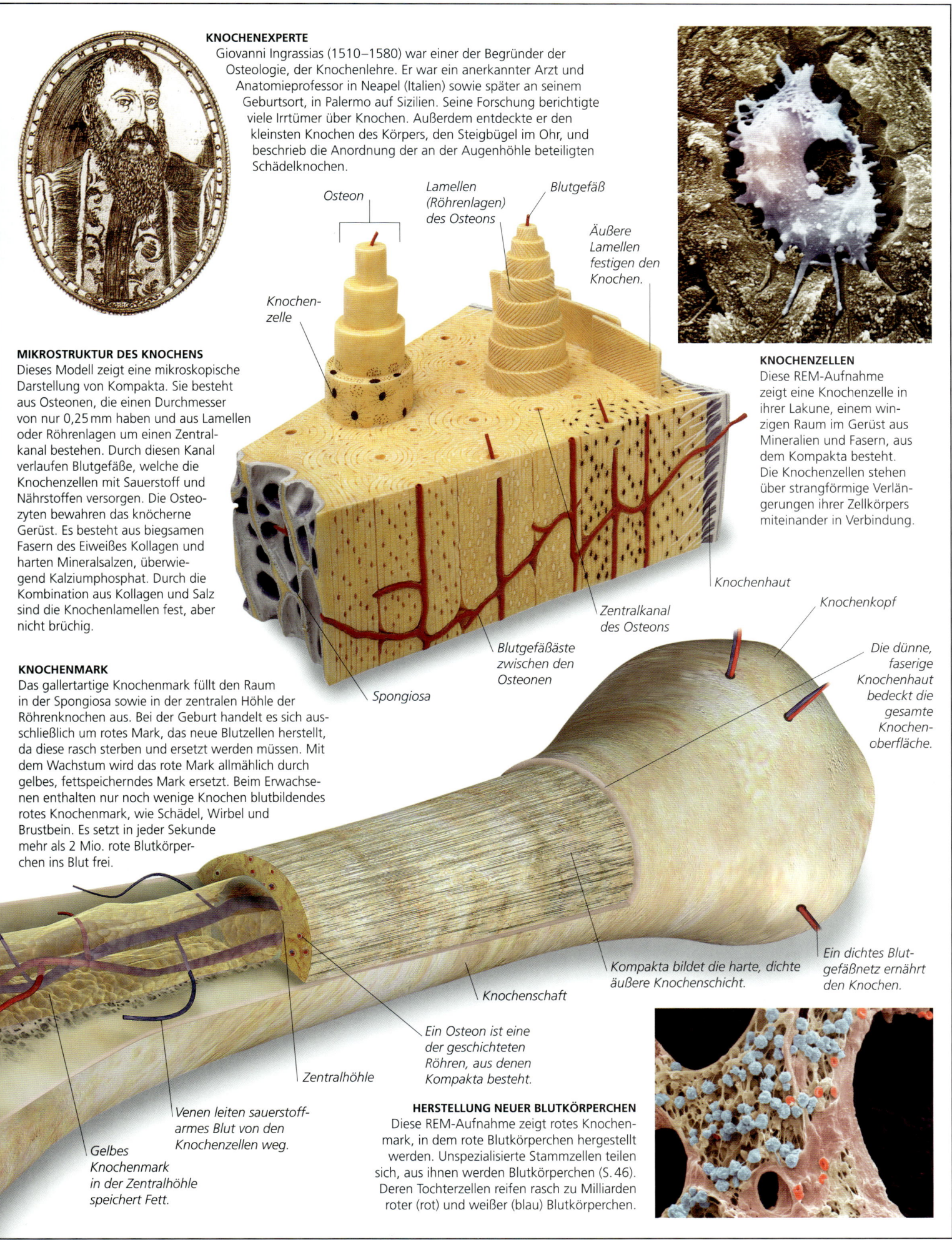

KNOCHENEXPERTE
Giovanni Ingrassias (1510–1580) war einer der Begründer der Osteologie, der Knochenlehre. Er war ein anerkannter Arzt und Anatomieprofessor in Neapel (Italien) sowie später an seinem Geburtsort, in Palermo auf Sizilien. Seine Forschung berichtete viele Irrtümer über Knochen. Außerdem entdeckte er den kleinsten Knochen des Körpers, den Steigbügel im Ohr, und beschrieb die Anordnung der an der Augenhöhle beteiligten Schädelknochen.

MIKROSTRUKTUR DES KNOCHENS
Dieses Modell zeigt eine mikroskopische Darstellung von Kompakta. Sie besteht aus Osteonen, die einen Durchmesser von nur 0,25 mm haben und aus Lamellen oder Röhrenlagen um einen Zentralkanal bestehen. Durch diesen Kanal verlaufen Blutgefäße, welche die Knochenzellen mit Sauerstoff und Nährstoffen versorgen. Die Osteozyten bewahren das knöcherne Gerüst. Es besteht aus biegsamen Fasern des Eiweißes Kollagen und harten Mineralsalzen, überwiegend Kalziumphosphat. Durch die Kombination aus Kollagen und Salz sind die Knochenlamellen fest, aber nicht brüchig.

KNOCHENMARK
Das gallertartige Knochenmark füllt den Raum in der Spongiosa sowie in der zentralen Höhle der Röhrenknochen aus. Bei der Geburt handelt es sich ausschließlich um rotes Mark, das neue Blutzellen herstellt, da diese rasch sterben und ersetzt werden müssen. Mit dem Wachstum wird das rote Mark allmählich durch gelbes, fettspeicherndes Mark ersetzt. Beim Erwachsenen enthalten nur noch wenige Knochen blutbildendes rotes Knochenmark, wie Schädel, Wirbel und Brustbein. Es setzt in jeder Sekunde mehr als 2 Mio. rote Blutkörperchen ins Blut frei.

Osteon

Lamellen (Röhrenlagen) des Osteons

Blutgefäß

Äußere Lamellen festigen den Knochen.

Knochenzelle

KNOCHENZELLEN
Diese REM-Aufnahme zeigt eine Knochenzelle in ihrer Lakune, einem winzigen Raum im Gerüst aus Mineralien und Fasern, aus dem Kompakta besteht. Die Knochenzellen stehen über strangförmige Verlängerungen ihrer Zellkörpers miteinander in Verbindung.

Knochenhaut

Knochenkopf

Zentralkanal des Osteons

Die dünne, faserige Knochenhaut bedeckt die gesamte Knochenoberfläche.

Blutgefäßäste zwischen den Osteonen

Spongiosa

Kompakta bildet die harte, dichte äußere Knochenschicht.

Ein dichtes Blutgefäßnetz ernährt den Knochen.

Knochenschaft

Zentralhöhle

Ein Osteon ist eine der geschichteten Röhren, aus denen Kompakta besteht.

Venen leiten sauerstoffarmes Blut von den Knochenzellen weg.

Gelbes Knochenmark in der Zentralhöhle speichert Fett.

HERSTELLUNG NEUER BLUTKÖRPERCHEN
Diese REM-Aufnahme zeigt rotes Knochenmark, in dem rote Blutkörperchen hergestellt werden. Unspezialisierte Stammzellen teilen sich, aus ihnen werden Blutkörperchen (S. 46). Deren Tochterzellen reifen rasch zu Milliarden roter (rot) und weißer (blau) Blutkörperchen.

Die Gelenke

Überall im Skelett, wo zwei Knochen aufeinandertreffen, entsteht ein Gelenk. Die meisten der mehr als 400 Gelenke des Körpers sind frei beweglich, wie die Finger- und Zehengelenke. Ohne sie wäre der Körper steif und man könnte nicht springen, einen Ball fangen, schreiben oder andere der unglaublich vielfältigen Bewegungen durchführen, zu denen der Körper in der Lage ist. Es gibt mehrere Sorten beweglicher Gelenke. Das jeweils mögliche Bewegungsausmaß hängt von der Form der Knochenenden ab, die das Gelenk bilden. Gelenke werden durch Bänder zusammengehalten und enthalten Knorpel. Dieses feste Gewebe stützt auch andere Strukturen im Körper.

Das Eigelenk ermöglicht das Kopfnicken.

Das Zapfengelenk ermöglicht das Kopfdrehen.

Das Scharniergelenk ermöglicht die Armbeugung im Ellenbogen.

BEWEGLICHE GELENKE
Wie jedem Körperteil tut den Gelenken Bewegung gut – bei Vernachlässigung leiden sie. Aktivitäten wie Yoga fördern die Beweglichkeit und helfen dabei, Beschwerden durch die mit dem Alter zunehmende Steifheit zu vermindern.

Durch einfache Scharniergelenke zwischen den Fingerknochen können sich die Finger beugen und strecken.

Das Eigelenk ist ein ovales Kugelgelenk, in dem der Finger seitlich geschwenkt, aber nicht gedreht werden kann.

Die Handfläche reicht bis zu den Knöcheln.

Ebene Gelenke erlauben begrenzte Gleitbewegungen zwischen den 8 Handwurzelknochen.

Das Sattelgelenk macht den Daumen beweglicher und erlaubt das vorsichtige Aufheben winziger Objekte mit den Fingern.

Oberschenkelknochen

Bewegungen in viele Richtungen möglich

Beckenknochen

Kugelgelenk der Hüfte

KUGEL- UND SCHARNIERGELENKE
Hüfte und Knie sind perfekte Beispiele für Gelenkbewegungen. Ihre Bewegungen lassen sich gut beim Klettern, Gehen, Tanzen und Treten verfolgen. Das Hüftgelenk ist ein Kugelgelenk. Das kugelförmige Ende des Oberschenkelknochens dreht sich in der runden Pfanne des Beckenknochens. Dadurch sind Bewegungen in alle Richtungen möglich, auch eine Rotation. Das Knie ist ein Scharniergelenk mit begrenzterem Bewegungsumfang. Es kann nur vor und zurück bewegt werden.

Oberschenkelknochen

Schienbein

Vor- und Rückbewegung in einer Richtung möglich

Scharniergelenk im Knie

Durch das ebene Gelenk entfernt sich die Kniescheibe bei der Kniebeugung vom Oberschenkelknochen.

Das ebene Gelenk zwischen Schien- und Wadenbein erlaubt geringfügige Bewegungen des Wadenbeins.

JEDE MENGE GELENKE
Mit ihren 27 Knochen und 19 Gelenken ist die Hand erstaunlich beweglich und kann viele schwierige Aufgaben ausführen. Die Fingergrundgelenke sind Eigelenke, die es den Fingern gemeinsam mit ihren beiden Scharniergelenken erlauben, zu zirkeln und Dinge zu ergreifen. Durch das Sattelgelenk an seiner Basis kann der Daumen, der beweglichste Finger, über die Handfläche schwenken und die Spitzen der anderen Finger berühren. Dadurch kann die Hand viele Aufgaben ausführen.

Das Scharniergelenk erlaubt die Fußbeugung im oberen Sprunggelenk.

VIELSEITIG BEWEGLICH
Das Skelett ist ein extrem bewegliches Gerüst, weil es viele verschiedene Arten von Gelenken enthält. Manche, wie Kugel-, Ei- und Sattelgelenke erlauben Bewegungen in viele Richtungen. Weniger beweglich sind Zapfengelenke, in denen sich ein Knochen auf einem anderen nur von einer Seite zur anderen drehen kann. Scharniergelenke können nur vor und zurück bewegt werden und ebene Gelenke ermöglichen nur geringfügige Gleitbewegungen.

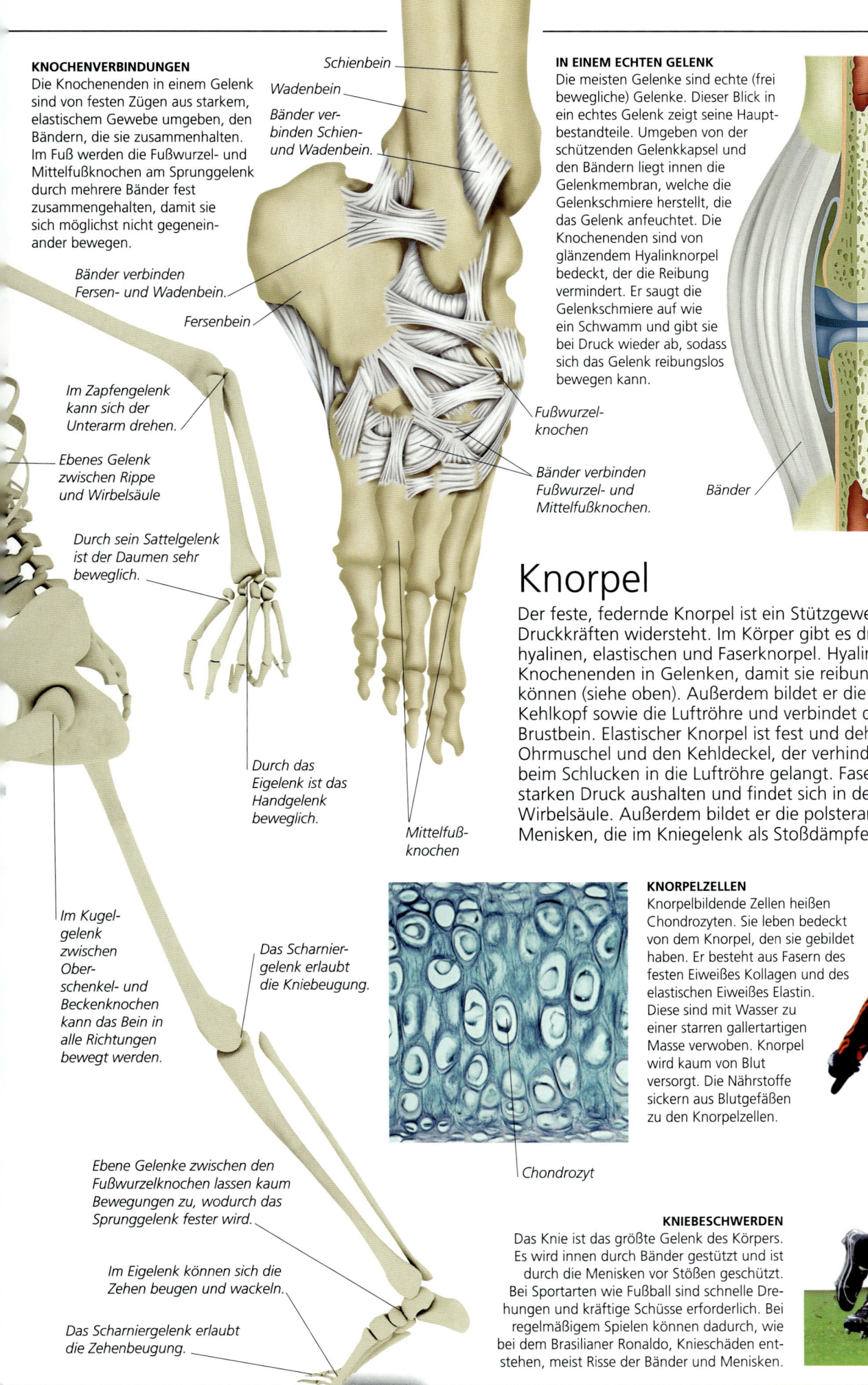

KNOCHENVERBINDUNGEN

Die Knochenenden in einem Gelenk sind von festen Zügen aus starkem, elastischem Gewebe umgeben, den Bändern, die sie zusammenhalten. Im Fuß werden die Fußwurzel- und Mittelfußknochen am Sprunggelenk durch mehrere Bänder fest zusammengehalten, damit sie sich möglichst nicht gegeneinander bewegen.

Bänder verbinden Fersen- und Wadenbein.

Fersenbein

Im Zapfengelenk kann sich der Unterarm drehen.

Ebenes Gelenk zwischen Rippe und Wirbelsäule

Durch sein Sattelgelenk ist der Daumen sehr beweglich.

Durch das Eigelenk ist das Handgelenk beweglich.

Im Kugelgelenk zwischen Oberschenkel- und Beckenknochen kann das Bein in alle Richtungen bewegt werden.

Das Scharniergelenk erlaubt die Kniebeugung.

Ebene Gelenke zwischen den Fußwurzelknochen lassen kaum Bewegungen zu, wodurch das Sprunggelenk fester wird.

Im Eigelenk können sich die Zehen beugen und wackeln.

Das Scharniergelenk erlaubt die Zehenbeugung.

Schienbein

Wadenbein

Bänder verbinden Schien- und Wadenbein.

Fußwurzelknochen

Bänder verbinden Fußwurzel- und Mittelfußknochen.

Mittelfußknochen

IN EINEM ECHTEN GELENK

Die meisten Gelenke sind echte (frei bewegliche) Gelenke. Dieser Blick in ein echtes Gelenk zeigt seine Hauptbestandteile. Umgeben von der schützenden Gelenkkapsel und den Bändern liegt innen die Gelenkmembran, welche die Gelenkschmiere herstellt, die das Gelenk anfeuchtet. Die Knochenenden sind von glänzendem Hyalinknorpel bedeckt, der die Reibung vermindert. Er saugt die Gelenkschmiere auf wie ein Schwamm und gibt sie bei Druck wieder ab, sodass sich das Gelenk reibungslos bewegen kann.

Knochenmark

Knochen

Gelenkkapsel

Gelenkmembran

Gelenkschmiere

Hyalinknorpel

Bänder

Knorpel

Der feste, federnde Knorpel ist ein Stützgewebe, das Zug- und Druckkräften widersteht. Im Körper gibt es drei Knorpelsorten: hyalinen, elastischen und Faserknorpel. Hyalinknorpel bedeckt die Knochenenden in Gelenken, damit sie reibungslos bewegt werden können (siehe oben). Außerdem bildet er die Nasenspitze, den Kehlkopf sowie die Luftröhre und verbindet die Rippen mit dem Brustbein. Elastischer Knorpel ist fest und dehnbar. Er bildet die Ohrmuschel und den Kehldeckel, der verhindert, dass Nahrung beim Schlucken in die Luftröhre gelangt. Faserknorpel kann starken Druck aushalten und findet sich in den Bandscheiben der Wirbelsäule. Außerdem bildet er die polsterartigen Knorpel, die Menisken, die im Kniegelenk als Stoßdämpfer wirken.

KNORPELZELLEN

Knorpelbildende Zellen heißen Chondrozyten. Sie leben bedeckt von dem Knorpel, den sie gebildet haben. Er besteht aus Fasern des festen Eiweißes Kollagen und des elastischen Eiweißes Elastin. Diese sind mit Wasser zu einer starren gallertartigen Masse verwoben. Knorpel wird kaum von Blut versorgt. Die Nährstoffe sickern aus Blutgefäßen zu den Knorpelzellen.

Chondrozyt

KNIEBESCHWERDEN

Das Knie ist das größte Gelenk des Körpers. Es wird innen durch Bänder gestützt und ist durch die Menisken vor Stößen geschützt. Bei Sportarten wie Fußball sind schnelle Drehungen und kräftige Schüsse erforderlich. Bei regelmäßigem Spielen können dadurch, wie bei dem Brasilianer Ronaldo, Knieschäden entstehen, meist Risse der Bänder und Menisken.

Die Muskeln des Körpers

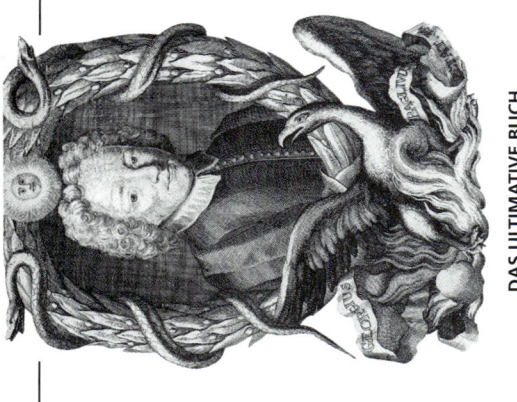

Muskulatur ist ein Körpergewebe mit der einzigartigen Fähigkeit sich zu dehnen und durch Kontraktion oder Zusammenziehen Bewegung zu erzeugen. Skelettmuskeln machen fast die Hälfte der Körpermasse aus. Sie bedecken das Skelett und sind an den Knochen befestigt. Diese Muskeln geben dem Körper seine Form, halten ihn aufrecht und erlauben durch Zug an den Knochen zahlreiche Bewegungen, vom Augenzwinkern bis zum Laufen. Die meisten Muskeln haben lateinische Namen, die ihre Lage, Größe, Form oder Aktion beschreiben. Vorangestellt ist immer ein M. für *Musculus* (lateinisch für „Muskel"). Der *M. adductor longus* ist zum Beispiel lang und adduziert das Bein, zieht es zum Körper heran. Die Namensgebung stammt aus dem 17. Jahrhundert, als Wissenschaftler wie Niels Stensen und Giorgio Baglivi ihre bahnbrechenden Arbeiten verfassten. Außerdem gibt es im Körper noch glatte Muskeln und den Herzmuskel.

MUSKELN UNTER DEM MIKROSKOP

Der dänische Wissenschaftler und Bischoff Niels Stensen (1638–1686) studierte in Dänemark und den Niederlanden. Er untersuchte Muskeln mit dem Mikroskop und entdeckte, dass sie durch die gemeinsame Verkürzung Tausender winziger Fasern kontrahieren, aus denen jeder Muskel besteht.

DAS ULTIMATIVE BUCH

Der italienische Anatom Giorgio Baglivi (1668–1707) sagte zu seinen Studenten: „Sie werden niemals ein interessanteres oder lehrreicheres Buch finden als den Patienten selbst." Er erkannte als Erster, dass sich Skelettmuskeln von denen im Darm und anderen Organen unterscheiden.

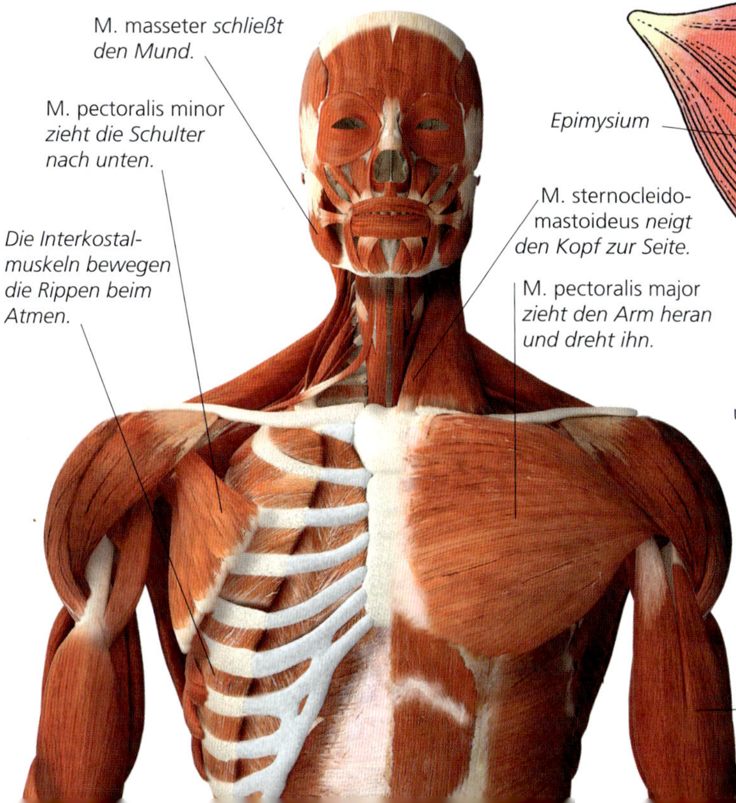

M. trapezius verspannt die Schultern und zieht den Kopf zurück.

M. latissimus dorsi zieht den Arm nach hinten und unten.

M. deltoideus hebt den Arm vom Körper weg zur Seite, nach vorn oder hinten.

M. semispinalis capitis neigt den Kopf nach hinten.

M. infraspinatus dreht den Arm nach außen.

Muskelfibrille

Muskelfaserbündel

Perimysium

Muskelfaser

Motorische Nervenzelle

Epimysium

M. sternocleidomastoideus neigt den Kopf zur Seite.

M. pectoralis major zieht den Arm heran und dreht ihn.

M. erector spinae streckt den Rücken.

M. biceps brachii beugt den Ellenbogen.

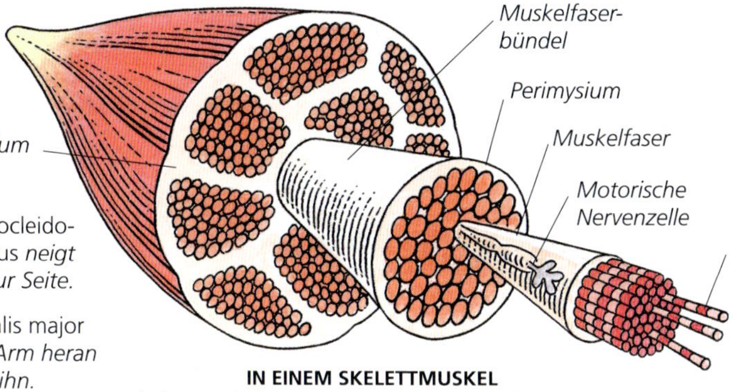

IN EINEM SKELETTMUSKEL

Skelettmuskeln bestehen aus langen, zylindrischen Zellen, den Muskelfasern, die viele Kerne enthalten und sehr viele Mitochondrien (S. 13), die Energie für die Kontraktion bereitstellen. Jede Faser ist voller paralleler verlaufender, stäbchenförmiger Myofibrillen, welche die Kontraktion durchführen. Die Muskelfasern verlaufen gebündelt in einer umgebenden Membran, dem Perimysium, und viele Bündel gemeinsam als Muskel in einer festen Scheide, dem Epimysium. Motorische Nervenzellen leiten Signale vom Gehirn, die den Muskel zur Kontraktion veranlassen.

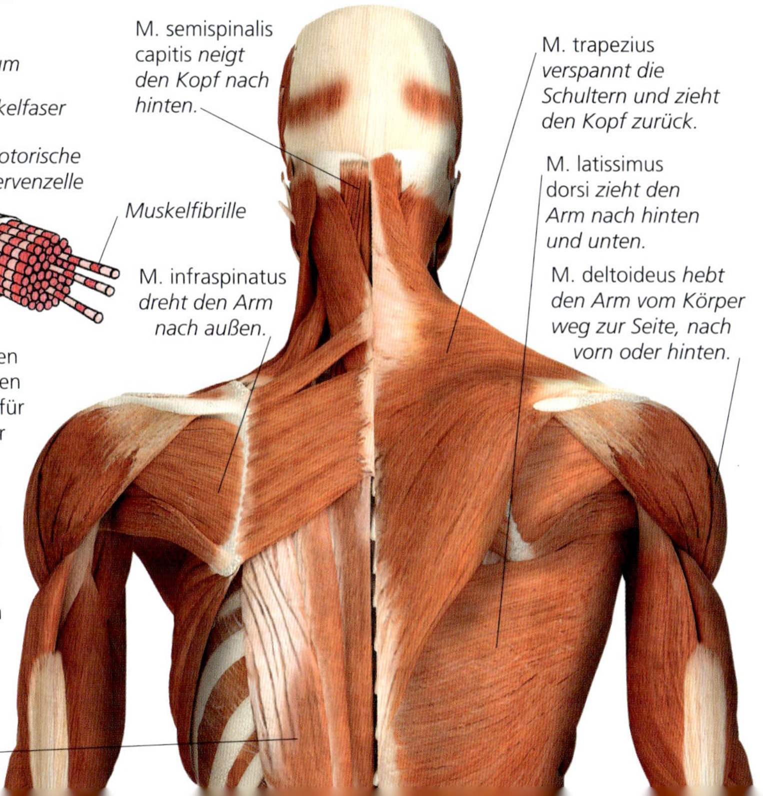

M. masseter schließt den Mund.

M. pectoralis minor zieht die Schulter nach unten.

Die Interkostalmuskeln bewegen die Rippen beim Atmen.

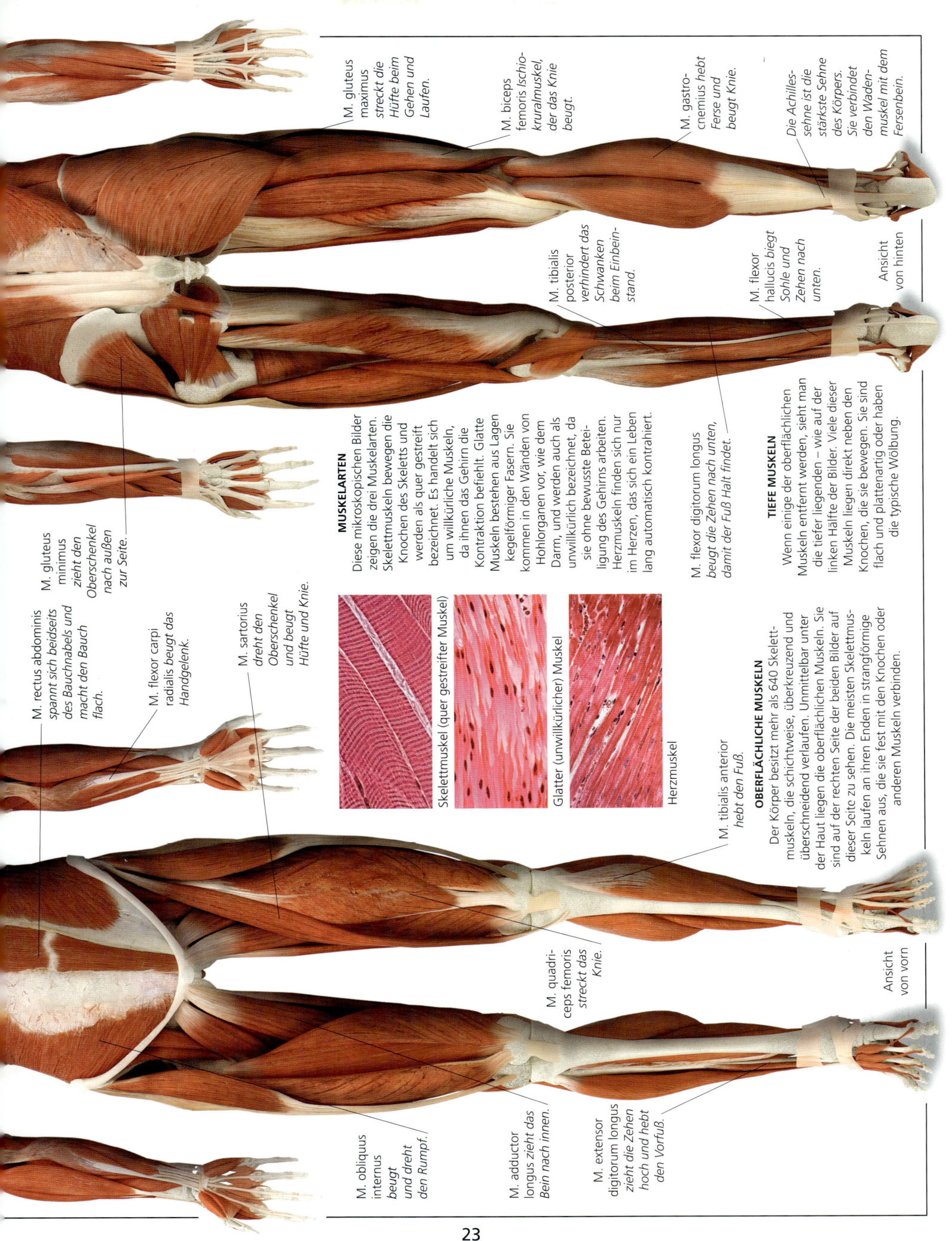

M. gluteus maximus streckt die Hüfte beim Gehen und Laufen.

M. biceps femoris *Ischiokruralmuskel*, der das Knie beugt.

M. gastrocnemius hebt Ferse und beugt Knie.

Die Achillessehne ist die stärkste Sehne des Körpers. Sie verbindet den Wadenmuskel mit dem Fersenbein.

M. tibialis posterior verhindert das Schwanken beim Einbeinstand.

M. flexor hallucis biegt Sohle und Zehen nach unten.

Ansicht von hinten

M. gluteus minimus zieht den Oberschenkel nach außen zur Seite.

M. rectus abdominis spannt sich beidseits des Bauchnabels und macht den Bauch flach.

M. flexor carpi radialis beugt das Handgelenk.

M. sartorius dreht den Oberschenkel und beugt Hüfte und Knie.

MUSKELARTEN

Diese mikroskopischen Bilder zeigen die drei Muskelarten. Skelettmuskeln bewegen die Knochen des Skeletts und werden als quer gestreift bezeichnet. Es handelt sich um willkürliche Muskeln, da ihnen das Gehirn die Kontraktion befiehlt. Glatte Muskeln bestehen aus Lagen kegelförmiger Fasern. Sie kommen in den Wänden von Hohlorganen vor, wie dem Darm, und werden auch als unwillkürlich bezeichnet, da sie ohne bewusste Beteiligung des Gehirns arbeiten. Herzmuskeln finden sich nur im Herzen, das sich ein Leben lang automatisch kontrahiert.

M. flexor digitorum longus beugt die Zehen nach unten, damit der Fuß Halt findet.

TIEFE MUSKELN

Wenn einige der oberflächlichen Muskeln entfernt werden, sieht man die tiefer liegenden – wie auf der linken Hälfte der beiden Bilder. Viele dieser Muskeln liegen direkt neben den Knochen, die sie bewegen. Sie sind flach und plattenartig oder haben die typische Wölbung.

Skelettmuskel (quer gestreifter Muskel)

Glatter (unwillkürlicher) Muskel

Herzmuskel

OBERFLÄCHLICHE MUSKELN

Der Körper besitzt mehr als 640 Skelettmuskeln, die schichtweise, überkreuzend und überschneidend verlaufen. Unmittelbar unter der Haut liegen die oberflächlichen Muskeln. Sie sind auf der rechten Seite der beiden Bilder auf dieser Seite zu sehen. Die meisten Skelettmuskeln laufen an ihren Enden in strangförmige Sehnen aus, die sie fest mit den Knochen oder anderen Muskeln verbinden.

M. tibialis anterior hebt den Fuß.

M. quadriceps femoris streckt das Knie.

Ansicht von vorn

M. obliquus internus beugt und dreht den Rumpf.

M. adductor longus zieht das Bein nach innen.

M. extensor digitorum longus zieht die Zehen hoch und hebt den Vorfuß.

23

Der Körper in Bewegung

Skelettmuskeln bewegen den Körper und ermöglichen Lächeln, Nicken, Gehen und Laufen. Sie sind über feste Faserbänder, die Sehnen, an Knochen befestigt und verlaufen über bewegliche Gelenke zwischen den Knochen. Bei der Kontraktion (Verkürzung) ziehen Muskeln an Knochen und es entsteht Bewegung. Der Knochen, der sich dabei bewegt, ist die Ansatzstelle des Muskels, der andere, nicht bewegte Knochen wird als Ursprung bezeichnet. So hat der *M. biceps* am Oberarm seinen Ursprung am Schulterblatt und setzt an der Speiche an, einem Unterarmknochen. Muskeln können nur ziehen, nicht schieben. Um ein Körperteil in verschiedene Richtungen zu bewegen, sind somit gegensätzlich wirkende Muskeln erforderlich. Bestimmte Muskeln in Hals, Rücken und Beinen bewegen den Körper nicht nur, sondern spannen sich an (kontrahieren zum Teil), um Haltung und Gleichgewicht zu wahren.

NUR DREI WÖRTER
Muskelfitness lässt sich mit drei Wörtern beschreiben: Kraft, Ausdauer und Geschmeidigkeit. Manche Sportarten fördern nur einen Faktor, andere, wie Schwimmen oder Tanzen, alle drei.

Nackenmuskeln beugen den Kopf nach hinten.

Strecksehne zum Zeigefinger

Fingerknochen

Muskeln an der Unterarmaußenseite strecken (extendieren) die Finger.

Quer verlaufendes Band, das Seitbewegungen der Sehnen verhindert

M. biceps kontrahiert

M. triceps entspannt

M. triceps kontrahiert

Rückenmuskeln biegen den Rücken.

Angehobener Unterarm

Ellenbogen gebeugt

Retinaculum flexorum: Band, das die langen Sehnen am Rutschen hindert

M. biceps entspannt

Die einzelnen Streckersehnen beginnen am Ende des M. extensor digitorum.

MUSKELPAARE
Muskeln können nur kontrahieren und ziehen. Für entgegengesetzte Bewegungsrichtungen, sind verschiedene Muskeln erforderlich. Viele Muskeln sind als Gegenspielerpaare angeordnet. Der *M. biceps* zieht den Unterarm nach oben und beugt den Ellenbogen, sein Gegenspieler, der *M. triceps*, zieht den Unterarm hinab und streckt den Ellenbogen. Die meisten Körperbewegungen sind Folge entgegengesetzter Aktionen von Muskelteams.

Ellenbogen gestreckt

Unterarm gesenkt

M. extensor digitorum streckt die Finger.

SEHNEN
Viele der Muskeln, welche die Finger bewegen, liegen nicht in der Hand, sondern im Unterarm. Sie bewegen die Finger aus der Ferne mithilfe langer Sehnen, die von den Muskelenden zu ihrem Ansatz an den Knochen ziehen, die sie bewegen. Die Sehnen gleiten reibungslos in schmierigen Sehnenscheiden, was ihre Abnutzung verhindert. Sehnen verbinden alle Muskeln mit den Knochen, an denen sie ziehen.

KRAFT UND PRÄZISION
Die enorme Präzision der Finger beruht auf den Muskeln, die das bewegliche Gerüst aus 27 Knochen in jeder Hand bewegen, und auf lebenslanger Übung. Pianisten trainieren ihre Gehirne so, dass sie komplexe rhythmische Bewegungen aller 10 Finger koordinieren.

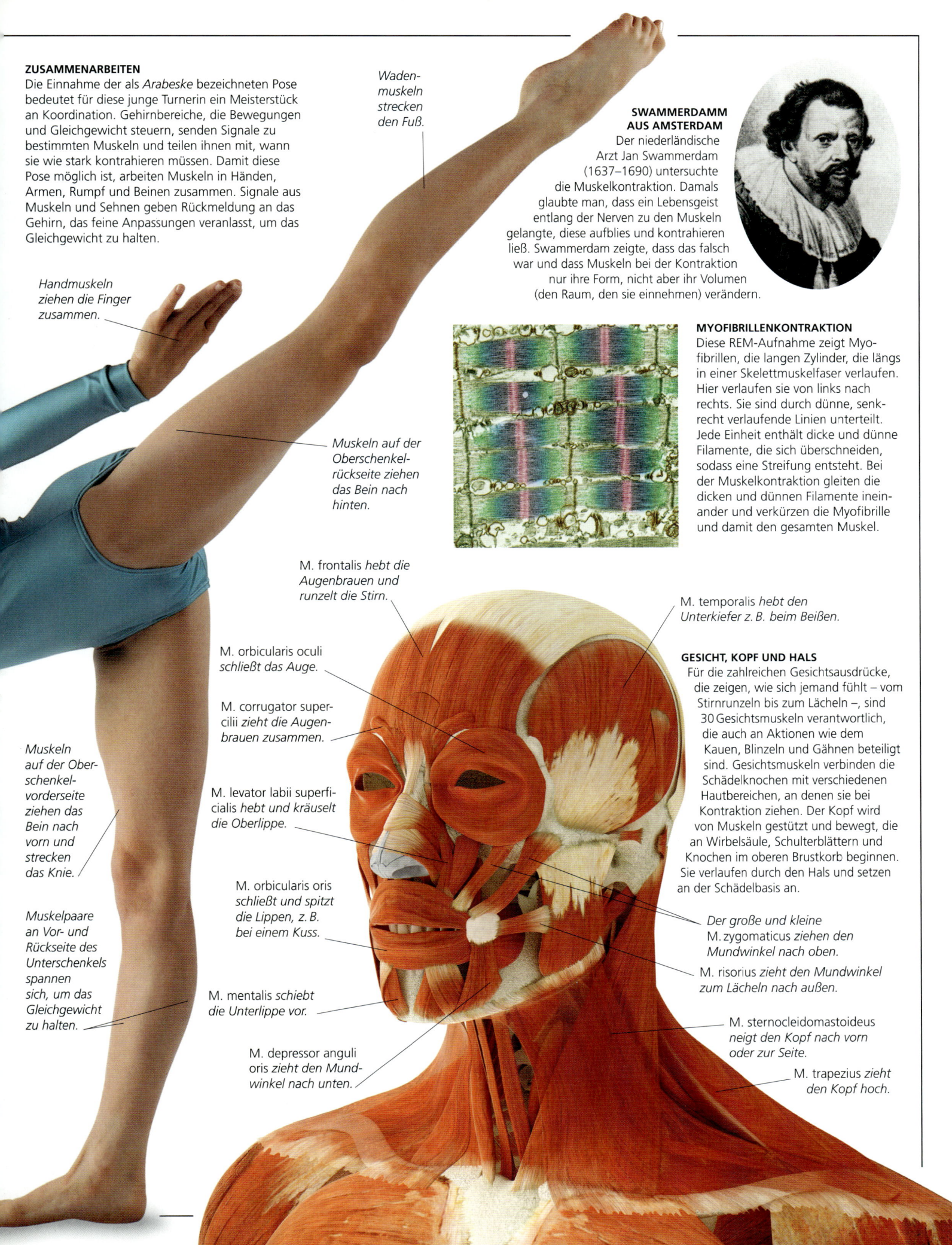

ZUSAMMENARBEITEN

Die Einnahme der als *Arabeske* bezeichneten Pose bedeutet für diese junge Turnerin ein Meisterstück an Koordination. Gehirnbereiche, die Bewegungen und Gleichgewicht steuern, senden Signale zu bestimmten Muskeln und teilen ihnen mit, wann sie wie stark kontrahieren müssen. Damit diese Pose möglich ist, arbeiten Muskeln in Händen, Armen, Rumpf und Beinen zusammen. Signale aus Muskeln und Sehnen geben Rückmeldung an das Gehirn, das feine Anpassungen veranlasst, um das Gleichgewicht zu halten.

Handmuskeln ziehen die Finger zusammen.

Muskeln auf der Oberschenkelvorderseite ziehen das Bein nach vorn und strecken das Knie.

Muskelpaare an Vor- und Rückseite des Unterschenkels spannen sich, um das Gleichgewicht zu halten.

Wadenmuskeln strecken den Fuß.

Muskeln auf der Oberschenkelrückseite ziehen das Bein nach hinten.

SWAMMERDAMM AUS AMSTERDAM

Der niederländische Arzt Jan Swammerdam (1637–1690) untersuchte die Muskelkontraktion. Damals glaubte man, dass ein Lebensgeist entlang der Nerven zu den Muskeln gelangte, diese aufblies und kontrahieren ließ. Swammerdam zeigte, dass das falsch war und dass Muskeln bei der Kontraktion nur ihre Form, nicht aber ihr Volumen (den Raum, den sie einnehmen) verändern.

MYOFIBRILLENKONTRAKTION

Diese REM-Aufnahme zeigt Myofibrillen, die langen Zylinder, die längs in einer Skelettmuskelfaser verlaufen. Hier verlaufen sie von links nach rechts. Sie sind durch dünne, senkrecht verlaufende Linien unterteilt. Jede Einheit enthält dicke und dünne Filamente, die sich überschneiden, sodass eine Streifung entsteht. Bei der Muskelkontraktion gleiten die dicken und dünnen Filamente ineinander und verkürzen die Myofibrille und damit den gesamten Muskel.

M. frontalis hebt die Augenbrauen und runzelt die Stirn.

M. orbicularis oculi schließt das Auge.

M. corrugator supercilii zieht die Augenbrauen zusammen.

M. levator labii superficialis hebt und kräuselt die Oberlippe.

M. orbicularis oris schließt und spitzt die Lippen, z. B. bei einem Kuss.

M. mentalis schiebt die Unterlippe vor.

M. depressor anguli oris zieht den Mundwinkel nach unten.

M. temporalis hebt den Unterkiefer z. B. beim Beißen.

GESICHT, KOPF UND HALS

Für die zahlreichen Gesichtsausdrücke, die zeigen, wie sich jemand fühlt – vom Stirnrunzeln bis zum Lächeln –, sind 30 Gesichtsmuskeln verantwortlich, die auch an Aktionen wie dem Kauen, Blinzeln und Gähnen beteiligt sind. Gesichtsmuskeln verbinden die Schädelknochen mit verschiedenen Hautbereichen, an denen sie bei Kontraktion ziehen. Der Kopf wird von Muskeln gestützt und bewegt, die an Wirbelsäule, Schulterblättern und Knochen im oberen Brustkorb beginnen. Sie verlaufen durch den Hals und setzen an der Schädelbasis an.

Der große und kleine M. zygomaticus ziehen den Mundwinkel nach oben.

M. risorius zieht den Mundwinkel zum Lächeln nach außen.

M. sternocleidomastoideus neigt den Kopf nach vorn oder zur Seite.

M. trapezius zieht den Kopf hoch.

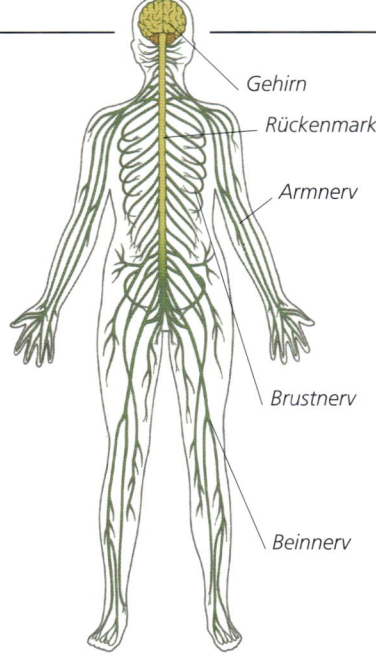

Gehirn

Rückenmark

Armnerv

Brustnerv

Beinnerv

Das Nervensystem

Ohne die Kontrolle und Koordination durch sein Nervensystem, könnte der Körper nicht funktionieren. In Bruchteilen von Sekunden ermöglicht das Nervensystem zu fühlen, zu sehen und zu hören, zu denken, sich zu erinnern und sich zu bewegen – alles gleichzeitig. Außerdem kontrolliert es viele Körperprozesse automatisch. Gehirn und Rückenmark bilden gemeinsam das zentrale Nervensystem (ZNS), das über ein Nervennetzwerk mit dem Körper verbunden ist. Das Nervensystem besteht aus Milliarden miteinander verbundener Neurone. Diese spezialisierten Zellen leiten elektrische Signale in hohen Geschwindigkeiten von bis zu 100 Meter in der Sekunde. Sensible Neurone leiten Signale der Sinnesorgane (S. 32–39) zum ZNS, motorische Neurone Anweisungen vom ZNS zu den Muskeln und Assoziationsneurone verarbeiten Signale im ZNS.

NERVENNETZWERK

Gehirn und Rückenmark bilden das Kontrollzentrum des Nervensystems mit seinem Nervennetzwerk. Nerven sind Bündel aus Neuronen, die sich so verzweigen, dass sie alle Gewebe erreichen. Hintereinandergelegt ließen sich die Nerven des Körpers zweimal um die Erde wickeln.

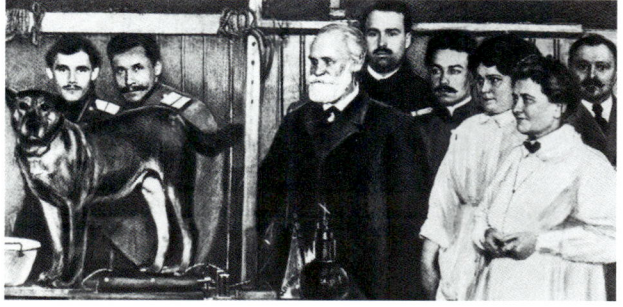

DIE PAWLOW-HUNDE

Ein Reflex ist eine automatische Reaktion auf einen bestimmten Reiz. Hunde produzieren, genau wie Menschen, beim Sehen und Riechen von Nahrung vermehrt Speichel. Der russische Wissenschaftler Iwan Pawlow (1849–1936) richtete ein paar Hunde ab, indem immer zur Fütterung eine Glocke erklang. Nach einiger Zeit speichelten die Hunde schon beim Ertönen der Glocke. Pawlow bezeichnete dies als „konditionierten Reflex" im Gegensatz zu den angeborenen Reflexen.

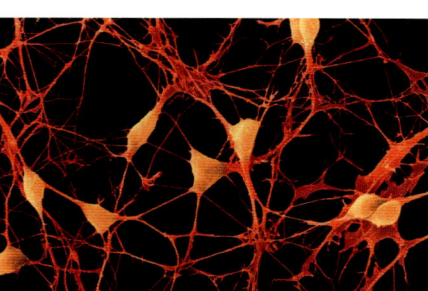

ÜBERALL VERZWEIGUNGEN

Dieses mikroskopische Bild zeigt Assoziationsneurone im Gehirn. Jedes Neuron steht über Verzweigungen mit Tausenden oder Zehntausenden anderer Neurone in Verbindung, sodass ein riesiges Kommunikationsnetzwerk entsteht. Jede dieser Verbindungen leitet Nervensignale, sodass es unzählige Leitungswege gibt.

HIRN- UND SPINALNERVEN

Der Betrieb von Gehirn – Großhirn, Kleinhirn und Hirnstamm – und Rückenmark hängt vom ununterbrochenen Austausch von Signalen ab. Diese erreichen und verlassen das ZNS über zwölf Hirnnervenpaare, die direkt im Gehirn beginnen, und 31 Spinalnervenpaare, die vom Rückenmark ausgehen. Jeder Nerv besitzt sensible Neurone, die Empfindungen zum Gehirn leiten, und motorische Neurone, die Anweisungen vom Gehirn zur Bewegung von Muskeln leiten. Der sympathische Grenzstrang gehört zum vegetativen Nervensystem, das automatisch und für uns unbewusst lebenswichtige Abläufe steuert, wie die Herzschlagrate.

Der Gesichtsnerv steuert die mimischen Muskeln.

Der Drillingsnerv versorgt die oberen Zähne und die Wangen.

Das Armgeflecht führt zu den Nerven, die Arm und Hand versorgen.

Der Ellennerv steuert die Muskeln, die Handgelenk und Finger beugen.

Der Zwischenrippennerv steuert die Muskeln zwischen den Rippen.

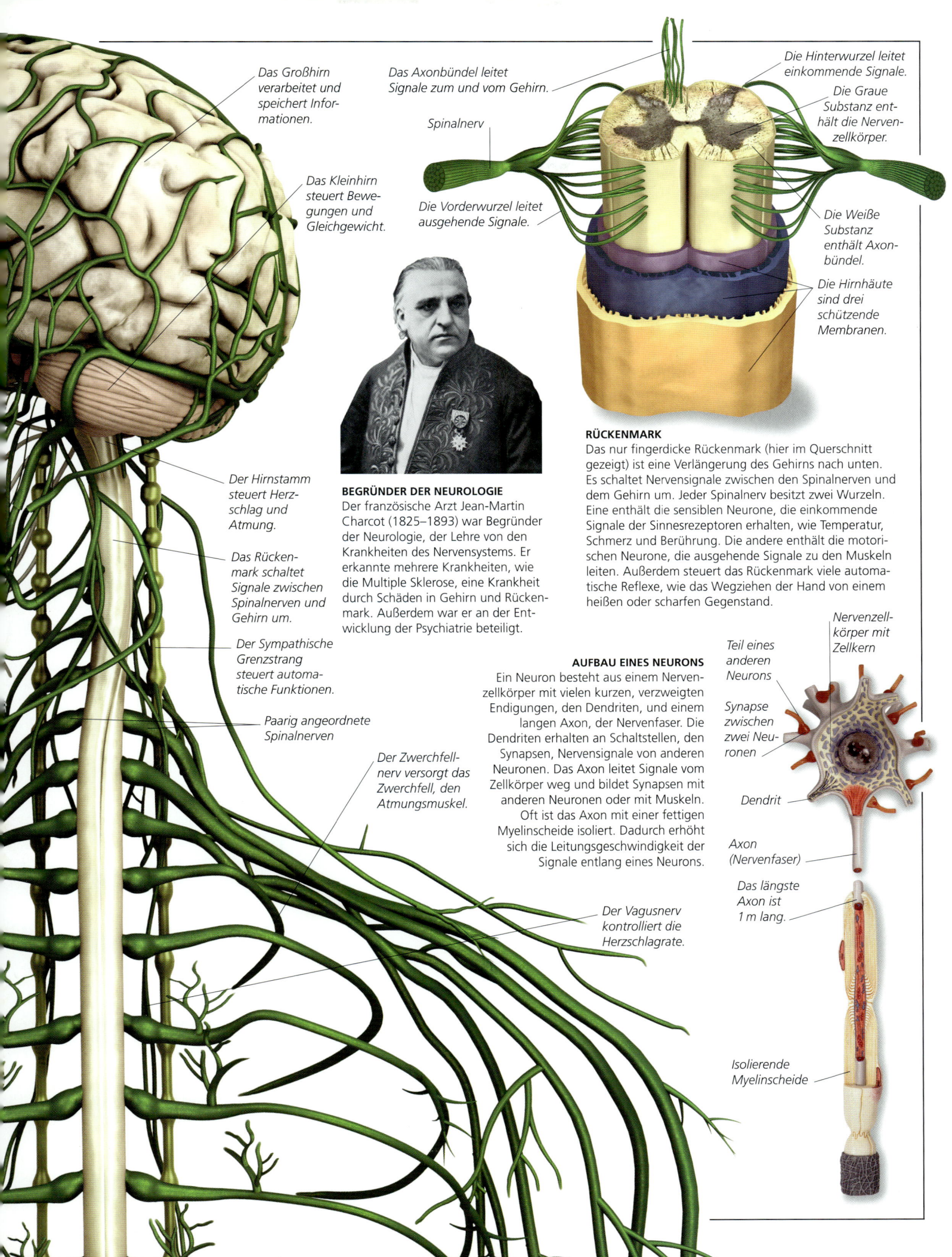

Das Großhirn verarbeitet und speichert Informationen.

Das Axonbündel leitet Signale zum und vom Gehirn.

Die Hinterwurzel leitet einkommende Signale.

Spinalnerv

Die Graue Substanz enthält die Nervenzellkörper.

Das Kleinhirn steuert Bewegungen und Gleichgewicht.

Die Vorderwurzel leitet ausgehende Signale.

Die Weiße Substanz enthält Axonbündel.

Die Hirnhäute sind drei schützende Membranen.

Der Hirnstamm steuert Herzschlag und Atmung.

RÜCKENMARK

Das nur fingerdicke Rückenmark (hier im Querschnitt gezeigt) ist eine Verlängerung des Gehirns nach unten. Es schaltet Nervensignale zwischen den Spinalnerven und dem Gehirn um. Jeder Spinalnerv besitzt zwei Wurzeln. Eine enthält die sensiblen Neurone, die einkommende Signale der Sinnesrezeptoren erhalten, wie Temperatur, Schmerz und Berührung. Die andere enthält die motorischen Neurone, die ausgehende Signale zu den Muskeln leiten. Außerdem steuert das Rückenmark viele automatische Reflexe, wie das Wegziehen der Hand von einem heißen oder scharfen Gegenstand.

Das Rückenmark schaltet Signale zwischen Spinalnerven und Gehirn um.

BEGRÜNDER DER NEUROLOGIE

Der französische Arzt Jean-Martin Charcot (1825–1893) war Begründer der Neurologie, der Lehre von den Krankheiten des Nervensystems. Er erkannte mehrere Krankheiten, wie die Multiple Sklerose, eine Krankheit durch Schäden in Gehirn und Rückenmark. Außerdem war er an der Entwicklung der Psychiatrie beteiligt.

Der Sympathische Grenzstrang steuert automatische Funktionen.

Paarig angeordnete Spinalnerven

Der Zwerchfellnerv versorgt das Zwerchfell, den Atmungsmuskel.

AUFBAU EINES NEURONS

Ein Neuron besteht aus einem Nervenzellkörper mit vielen kurzen, verzweigten Endigungen, den Dendriten, und einem langen Axon, der Nervenfaser. Die Dendriten erhalten an Schaltstellen, den Synapsen, Nervensignale von anderen Neuronen. Das Axon leitet Signale vom Zellkörper weg und bildet Synapsen mit anderen Neuronen oder mit Muskeln. Oft ist das Axon mit einer fettigen Myelinscheide isoliert. Dadurch erhöht sich die Leitungsgeschwindigkeit der Signale entlang eines Neurons.

Nervenzellkörper mit Zellkern

Teil eines anderen Neurons

Synapse zwischen zwei Neuronen

Dendrit

Der Vagusnerv kontrolliert die Herzschlagrate.

Axon (Nervenfaser)

Das längste Axon ist 1 m lang.

Isolierende Myelinscheide

Das Gehirn

Das Gehirn ist das komplexeste Organ des Körpers und das Kontrollzentrum des Nervensystems. Es enthält 100 Milliarden Neurone (Nervenzellen), die jeweils mit Hunderten oder Tausenden anderer Neurone verbunden sind und zusammen ein gewaltiges Kommunikationsnetzwerk mit ungeheurer Rechenkapazität bilden. Das Großhirn, der Hauptteil des Gehirns, verarbeitet und speichert eintreffende Informationen und sendet Anweisungen zum Körper. Für diese Aufgaben, vom Denken bis zum Sehen und Fühlen, ist die Großhirnrinde verantwortlich, die dünne, gefältelte Außenschicht des Großhirns. In den letzten 150 Jahren haben Wissenschaftler die Großhirnrinde kartografiert und entdeckt, welche Aufgaben die unterschiedlichen Gehirnbereiche haben.

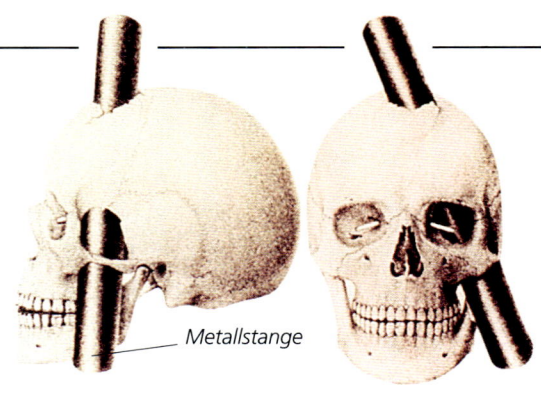

Metallstange

LOCH IM KOPF

Phineas Gage war Vorarbeiter einer Eisenbahngesellschaft in den USA. 1848 bohrte sich bei einem Sprengunfall eine Metallstange durch seine Wange, den linken Stirnlappen und das Schädeldach. Gage überlebte und die Wunde heilte, aber seine Persönlichkeit änderte sich. Statt zufrieden und umsichtig war er nun eigensinnig, launisch und vulgär und der lebende Beweis, dass der Stirnlappen Sitz unserer Persönlichkeit ist.

DAS GEHIRN VON UNTEN

Das Gehirn besteht aus drei Hauptteilen. Das Großhirn macht 85 % seines Gewichts aus. Der Hirnstamm besteht aus Brücke, verlängertem Mark und Mittelhirn (S. 30). Er schaltet Signale zwischen Großhirn und Rückenmark um und steuert automatische Funktionen wie Atmung und Herzschlagrate. Das Kleinhirn steuert Gleichgewicht und Haltung und sorgt für aufeinander abgestimmte Bewegungsabläufe.

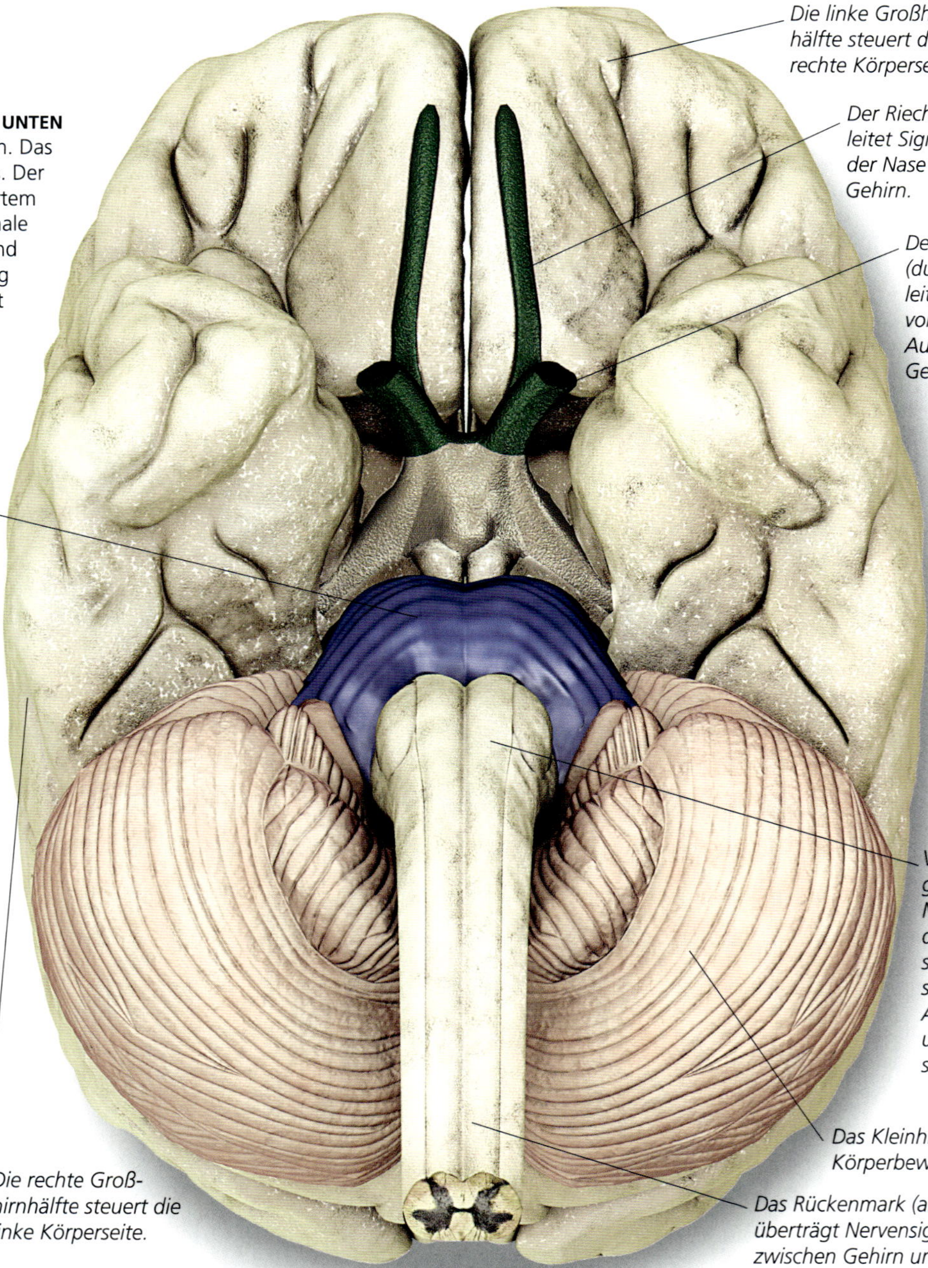

Die linke Großhirnhälfte steuert die rechte Körperseite.

Der Riechkolben leitet Signale von der Nase zum Gehirn.

Der Sehnerv (durchtrennt) leitet Signale von den Augen zum Gehirn.

Brücke: mittlerer Gehirnabschnitt

Verlängertes Mark, Teil des Hirnstamms, steuert Atmung und Herzschlagrate.

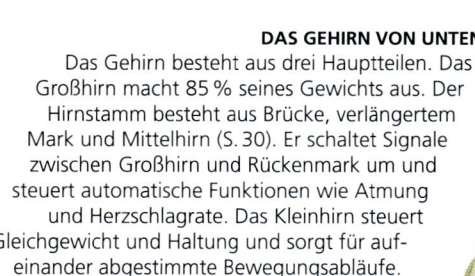

LINKS UND RECHTS

Im Hirnstamm kreuzen Nervenfasern von links nach rechts und von rechts nach links. Dadurch erhält die rechte Großhirnhälfte Informationen der linken Körperhälfte, deren Bewegungen sie auch lenkt, und umgekehrt. Zudem steuert sie das Erkennen von Gesichtern und kreative Fähigkeiten wie Musik, die linke Hälfte hingegen Sprache und mathematische Fähigkeiten. Meistens dominiert die linke Großhirnhälfte und die meisten Menschen sind Rechtshänder. Linkshänder, wie der Rockgitarrist Jimi Hendrix (1942–1970), sind oft künstlerisch und musikalisch begabt.

Die rechte Großhirnhälfte steuert die linke Körperseite.

Das Kleinhirn steuert Körperbewegungen.

Das Rückenmark (abgetrennt) überträgt Nervensignale zwischen Gehirn und Körper.

Prämotorische Rinde steuert Bewegung.

Die primäre motorische Rinde steuert die Muskeln.

Primäre sensible Rinde: Informationen von der Haut.

Die sensible Assoziationsrinde wertet Tastsignale aus.

Die visuelle Assoziationsrinde wertet Bilder aus.

Die präfrontale Rinde steuert das Denken und Lernen.

Das Broca-Zentrum steuert das Sprechen.

Die primäre Hörrinde erhält Informationen von den Ohren.

Die auditive Assoziationsrinde wertet Töne und Geräusche aus.

Primäre Sehrinde: Signale von den Augen

Das Wernicke-Zentrum wertet Sprache aus.

GEHIRNKARTIERUNG

Wie diese Gehirnkarte der linken Gehirnhälfte zeigt, sind die Gehirnbereiche jeweils für bestimmte Aufgaben zuständig. Sensible Bereiche der Großhirnrinde, wie die primäre Sehrinde, erhalten Informationen sensibler Rezeptoren (S. 26–27). Motorische Bereiche, wie die primär motorische und die prämotorische Rinde, steuern Körperbewegungen. Die Großhirnrinde besteht überwiegend aus Assoziationsgebieten, welche die Informationen zum Lernen und zur Abspeicherung im Gedächtnis auswerten.

SPRECHZENTRUM

Der französische Arzt Paul Pierre Broca (1824–1880) entdeckte, welcher Gehirnabschnitt das Sprechen steuert. Broca hatte einen männlichen Patienten, der kaum sprechen konnte. Nach dessen Tod im Jahr 1861 untersuchte Broca sein Gehirn und fand einen beschädigten Bereich im linken Großhirn. Er folgerte, dass dieser später als Broca-Zentrum bezeichnete Bereich die Kehlkopf- und Mundmuskeln steuert, die am Sprechen beteiligt sind.

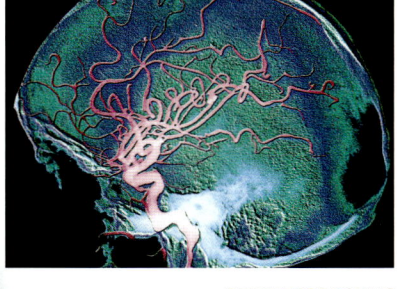

BLUTVERSORGUNG

Dieses Angiogramm, das die Blutversorgung des Gehirns zeigt, ist eine Röntgenaufnahme, auf der die Gefäße durch ein Kontrastmittel angefärbt wurden, das in das Blut injiziert wurde. Obwohl das Gehirn nur 2 % des Körpergewichts ausmacht, erhält es 20 % des im Kreislauf befindlichen Bluts. Es bringt dem Gehirn Sauerstoff und Traubenzucker (Glukose), ohne die es nicht normal arbeiten könnte.

Stirnlappen an der Vorderseite der Großhirnhälfte

Linke Großhirnhälfte

Schläfenlappen an der Seite der Großhirnhälfte

Scheitellappen hinten oben an der Großhirnhälfte

Hinterhauptslappen an der Rückseite der Großhirnhälfte

Die Längsfurche trennt die beiden Großhirnhälften.

Gehirnwindung

Rechte Großhirnhälfte

Gehirnfurche

DAS GEHIRN VON OBEN

Die oberflächliche Schicht des Großhirns, die Großhirnrinde, ist stark gefaltet und enthält Windungen und Furchen. Diese Falten vergrößern die Oberfläche der Großhirnrinde, sodass sie in den Schädel passt. Flach ausgebreitet würde die Großhirnrinde etwa so viel Platz einnehmen wie ein Kopfkissen. Die tiefste Furche, die Längsfurche, teilt das Großhirn in die rechte und linke Hälfte oder Hemisphäre. Jede Hemisphäre ist durch tiefe Furchen in vier Bereiche unterteilt, die Stirnlappen, die Schläfenlappen, die Scheitellappen und die Hinterhauptslappen.

Im Gehirn

Ein Blick ins Gehirn verrät noch mehr über seinen Aufbau und die Abläufe als der Blick von außen. Tief im Gehirn unter dem Großhirn fungiert der Thalamus als Schaltstation für eintreffende Nervensignale und der Hypothalamus steuert viele Körperaktivitäten. Das ebenfalls von außen nicht zu erkennende limbische System ist das Gefühlszentrum des Gehirns und steuert Instinkte, Ängste und Gefühle. Im Gehirn liegen miteinander verbundene Kammern, die Ventrikel, die mit einer als Liquor bezeichneten Flüssigkeit gefüllt sind. Liquor wird aus Blut hergestellt, durchströmt die Ventrikel und trägt zur Ernährung der Gehirnzellen bei. Obwohl den Wissenschaftlern inzwischen der Aufbau des Gehirns weitestgehend bekannt ist, wissen sie noch immer nicht genau, wie wir denken und warum wir träumen.

FLÜSSIGE INTELLIGENZ
Im Altertum glaubte man, dass Intelligenz und andere mentale Fähigkeiten durch einen geheimnisvollen Tiergeist entstehen, der die Gehirnkammern ausfüllt. Diese Zeichnung aus dem 17. Jh. weist jeder Gehirnkammer eine mentale Qualität zu, wie die Fantasie. Heute ordnet die Wissenschaft die Gehirnfunktionen verschiedenen Gewebebereichen zu.

GEISTESANGELEGENHEITEN
Der österreichische Arzt Sigmund Freud (1856–1939) war einer der Begründer der Psychiatrie, dem Zweig der Medizin, der sich mit seelischen Krankheiten befasst. Er entwickelte die Psychoanalyse, eine Therapieform, die seelische Krankheiten durch Betrachtung des Unbewussten zu heilen versucht. Seitdem haben die Psychiater viele Krankheiten erfolgreich bestimmten Veränderungen im Gehirn zugeordnet.

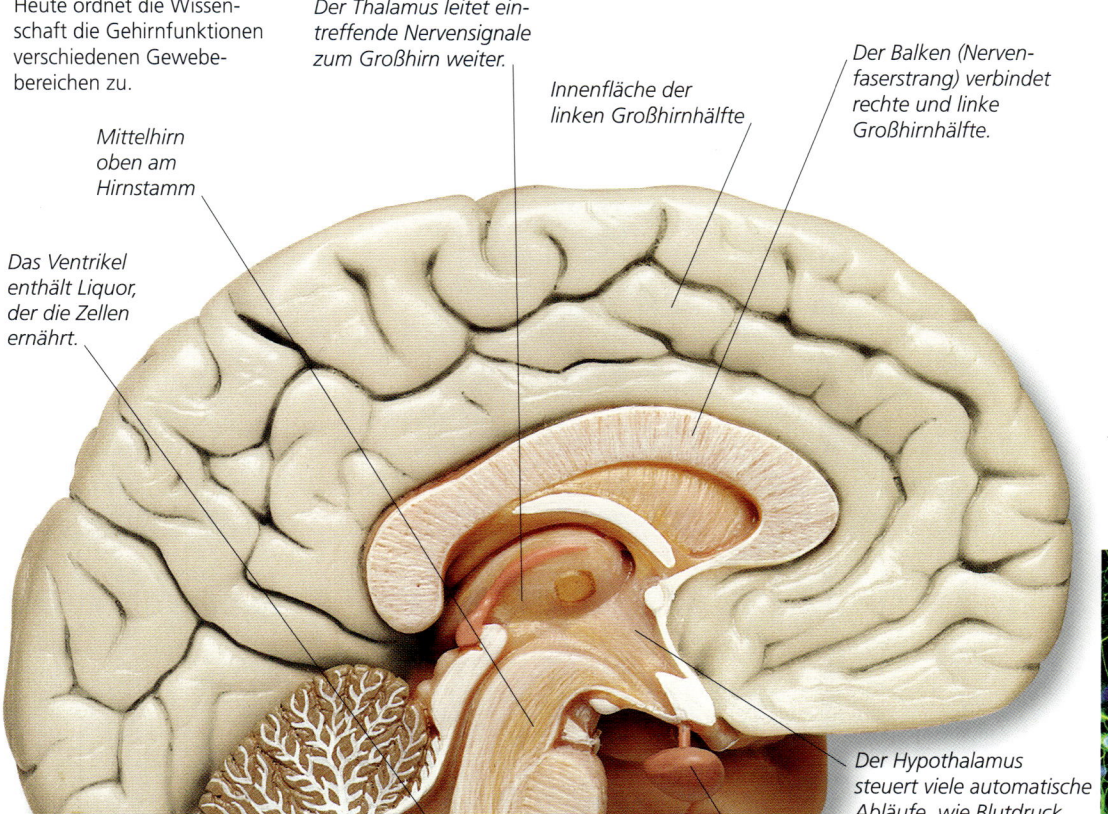

Der Thalamus leitet eintreffende Nervensignale zum Großhirn weiter.

Innenfläche der linken Großhirnhälfte

Der Balken (Nervenfaserstrang) verbindet rechte und linke Großhirnhälfte.

Mittelhirn oben am Hirnstamm

Das Ventrikel enthält Liquor, der die Zellen ernährt.

Der Hypothalamus steuert viele automatische Abläufe, wie Blutdruck, Hunger und Schlaf.

Hirnanhangdrüse (S. 40–41)

Das Kleinhirn steuert Körperbewegungen und das Gleichgewicht.

Verlängertes Mark: unterster Abschnitt des Hirnstamms

Rückenmark (durchtrennt)

Die Brücke liegt in der Mitte des Hirnstamms.

DER BLICK INS GEHIRN
Diese Seitenansicht zeigt die Innenfläche der linken Großhirnhälfte und die inneren Gehirnanteile im Querschnitt. Der Thalamus befindet sich im Zentrum des Gehirns und leitet Signale zum Großhirn weiter. Das Kleinhirn liegt dem Großhirn hinten an, ebenso Mittelhirn, Brücke und verlängertes Mark, die gemeinsam den Hirnstamm bilden.

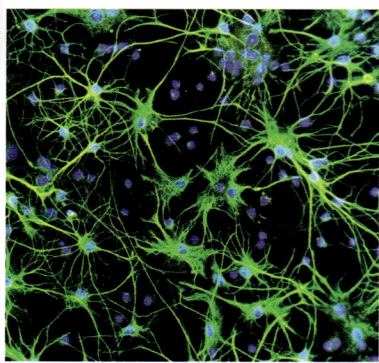

STÜTZZELLEN
Mehr als 90 % der Zellen des Nervensystems sind keine Neurone (Nervenzellen), sondern Glia- oder Stützzellen. Dieses mikroskopische Bild zeigt Astrozyten, eine Form der Gliazellen, die in der Großhirnrinde vorkommen. Astrozyten versorgen die Neurone mit Nährstoffen. Außerdem zerstören Gliazellen Bakterien und bilden die isolierende Scheide der Axone (Nervenfasern).

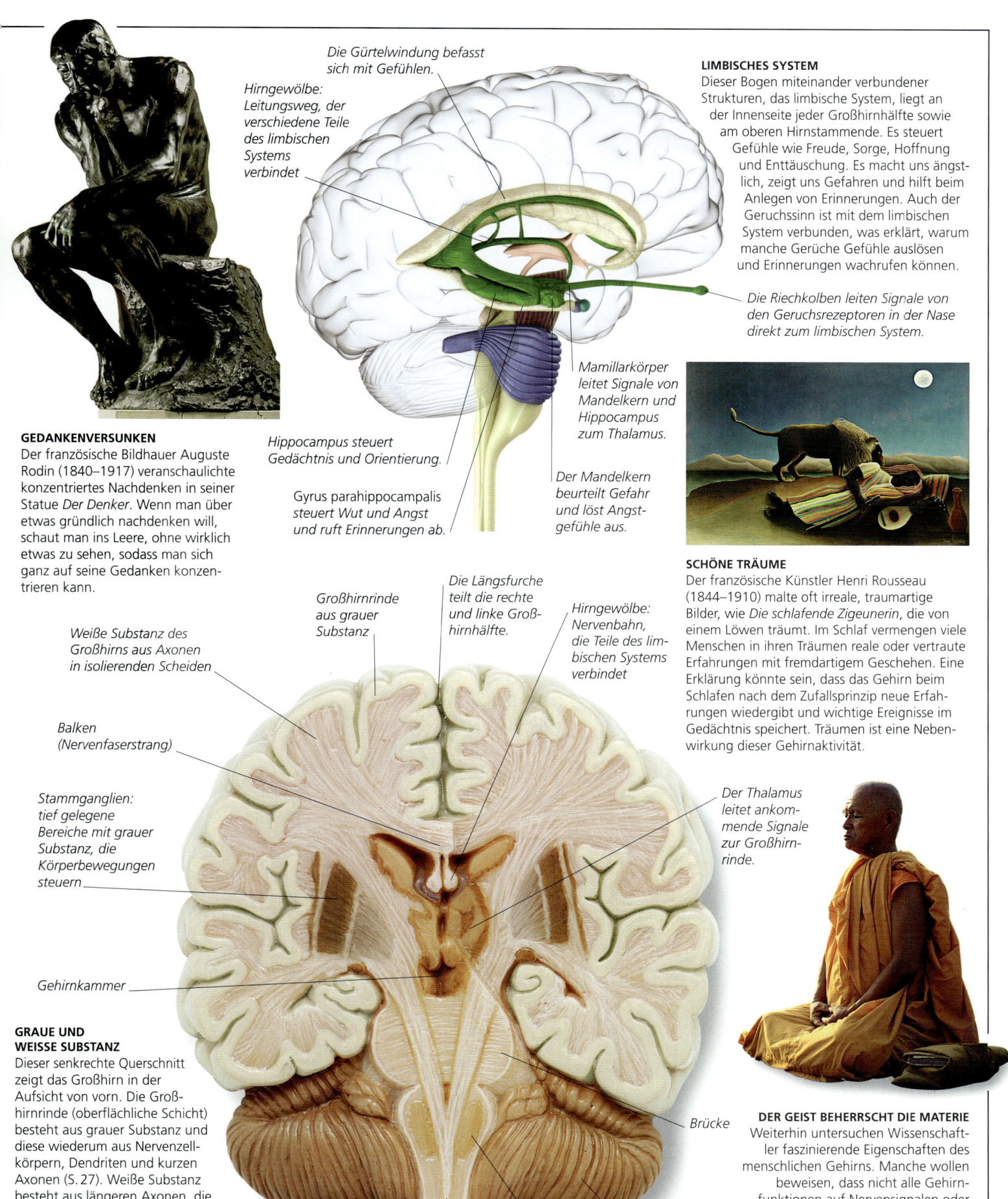

Die Gürtelwindung befasst sich mit Gefühlen.

Hirngewölbe: Leitungsweg, der verschiedene Teile des limbischen Systems verbindet

LIMBISCHES SYSTEM
Dieser Bogen miteinander verbundener Strukturen, das limbische System, liegt an der Innenseite jeder Großhirnhälfte sowie am oberen Hirnstammende. Es steuert Gefühle wie Freude, Sorge, Hoffnung und Enttäuschung. Es macht uns ängstlich, zeigt uns Gefahren und hilft beim Anlegen von Erinnerungen. Auch der Geruchssinn ist mit dem limbischen System verbunden, was erklärt, warum manche Gerüche Gefühle auslösen und Erinnerungen wachrufen können.

Die Riechkolben leiten Signale von den Geruchsrezeptoren in der Nase direkt zum limbischen System.

Mamillarkörper leitet Signale von Mandelkern und Hippocampus zum Thalamus.

GEDANKENVERSUNKEN
Der französische Bildhauer Auguste Rodin (1840–1917) veranschaulichte konzentriertes Nachdenken in seiner Statue *Der Denker*. Wenn man über etwas gründlich nachdenken will, schaut man ins Leere, ohne wirklich etwas zu sehen, sodass man sich ganz auf seine Gedanken konzentrieren kann.

Hippocampus steuert Gedächtnis und Orientierung.

Gyrus parahippocampalis steuert Wut und Angst und ruft Erinnerungen ab.

Der Mandelkern beurteilt Gefahr und löst Angstgefühle aus.

SCHÖNE TRÄUME
Der französische Künstler Henri Rousseau (1844–1910) malte oft irreale, traumartige Bilder, wie *Die schlafende Zigeunerin*, die von einem Löwen träumt. Im Schlaf vermengen viele Menschen in ihren Träumen reale oder vertraute Erfahrungen mit fremdartigem Geschehen. Eine Erklärung könnte sein, dass das Gehirn beim Schlafen nach dem Zufallsprinzip neue Erfahrungen wiedergibt und wichtige Ereignisse im Gedächtnis speichert. Träumen ist eine Nebenwirkung dieser Gehirnaktivität.

Weiße Substanz des Großhirns aus Axonen in isolierenden Scheiden

Großhirnrinde aus grauer Substanz

Die Längsfurche teilt die rechte und linke Großhirnhälfte.

Hirngewölbe: Nervenbahn, die Teile des limbischen Systems verbindet

Balken (Nervenfaserstrang)

Stammganglien: tief gelegene Bereiche mit grauer Substanz, die Körperbewegungen steuern

Der Thalamus leitet ankommende Signale zur Großhirnrinde.

Gehirnkammer

GRAUE UND WEISSE SUBSTANZ
Dieser senkrechte Querschnitt zeigt das Großhirn in der Aufsicht von vorn. Die Großhirnrinde (oberflächliche Schicht) besteht aus grauer Substanz und diese wiederum aus Nervenzellkörpern, Dendriten und kurzen Axonen (S. 27). Weiße Substanz besteht aus längeren Axonen, die Teile der Großhirnrinde miteinander und das Gehirn mit dem Nervensystem verbinden. Die Stammganglien sind tief gelegene Bereiche mit grauer Substanz, die Körperbewegungen steuern.

Brücke

DER GEIST BEHERRSCHT DIE MATERIE
Weiterhin untersuchen Wissenschaftler faszinierende Eigenschaften des menschlichen Gehirns. Manche wollen beweisen, dass nicht alle Gehirnfunktionen auf Nervensignalen oder chemischen Vorgängen beruhen. Sie glauben, dass Techniken wie die Meditation (konzentriertes Nachdenken) den Geist von den physikalischen Grenzen des Körpers befreien können.

Kleinhirn

Rückenmark

Verlängertes Mark

Haut und Tastsinn

Im Gegensatz zu den anderen Sinnesorganen, wie den Augen, ist die Haut nicht nur an einem Sinn beteiligt. Neben ihrer Bedeutung für den Tastsinn hat sie noch viele weitere Aufgaben. Die Haut ist das größte Körperorgan. Beim Erwachsenen wiegt die lebende, lederige Außenhülle etwa 5 Kilogramm. Die feste Oberflächenschicht, die Oberhaut, hält Wasser, Staub, Keime und schädliche ultraviolette Sonnenstrahlen fern. Sie ersetzt sich immerzu, weil sie sich abnutzt. Unter der Oberhaut liegt die dickere Lederhaut, die voller sensibler Rezeptoren, Nerven und Blutgefäße ist. Bei hohen Außentemperaturen hält die Lederhaut die Körpertemperatur bei 37 °C, indem sie aus ihren Schweißdrüsen kühlenden Schweiß absondert. Haare und Nägel wachsen aus der Oberhaut und schützen den Körper ebenfalls.

KÜHLUNG DES KÖRPERS
Diese REM-Aufnahme zeigt eine der etwa 3 Mio. Schweißporen der Haut. Die Schweißdrüsen in der Lederhaut stellen den salzigen Schweiß her. Bei Wärme gelangt mehr Schweiß durch die Schweißporen auf die Haut und verdunstet. Dabei wird dem Körper Wärme entzogen und er kühlt herunter.

LESEN MIT DEN FINGERSPITZEN
Durch das Braille-System können Menschen mit Sehstörungen mithilfe ihres Tastsinns lesen. Die Muster aus erhabenen Punkten entsprechen Buchstaben und Ziffern, die mit den empfindlichen Fingerspitzen wahrgenommen werden. Das System wurde 1824 von dem französischen Teenager Louis Braille (1809–1852) erfunden, der im Alter von drei Jahren erblindete.

Rillen an den Fingerspitzen helfen beim Greifen (siehe gegenüber).

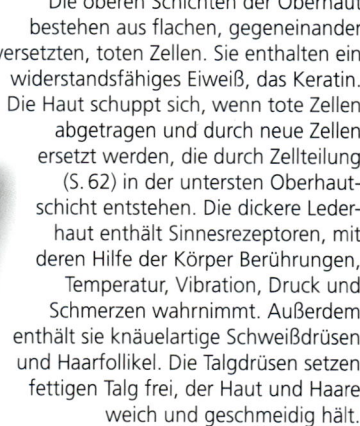

UNTER DER HAUT
Die oberen Schichten der Oberhaut bestehen aus flachen, gegeneinander versetzten, toten Zellen. Sie enthalten ein widerstandsfähiges Eiweiß, das Keratin. Die Haut schuppt sich, wenn tote Zellen abgetragen und durch neue Zellen ersetzt werden, die durch Zellteilung (S. 62) in der untersten Oberhautschicht entstehen. Die dickere Lederhaut enthält Sinnesrezeptoren, mit deren Hilfe der Körper Berührungen, Temperatur, Vibration, Druck und Schmerzen wahrnimmt. Außerdem enthält sie knäuelartige Schweißdrüsen und Haarfollikel. Die Talgdrüsen setzen fettigen Talg frei, der Haut und Haare weich und geschmeidig hält.

ZUGREIFEN
Die Haut in der Handfläche ist von Furchen durchzogen. Diese helfen der Hand bei schwierigen Aufgaben beim Greifen. Unter der Handfläche befindet sich eine dreieckige Lage fester, vernetzter Fasern, die Palmaraponeurose (Hohlhandsehne). Sie verankert die Haut und verhindert, dass sie auf dem Fett- und Muskelgewebe verrutscht.

Handlinien in der Handfläche

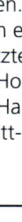

Rezeptor für leichte Berührung und Druck

Die unterste Epidermisschicht ersetzt an der Oberfläche verlorene Zellen.

Obere Epidermisschicht

Haar

Die Talgdrüse gibt durch den Haarfollikel Talg ab.

Temperatur- und Schmerzrezeptor

Mehrschichtige Oberhaut

Schweißpore

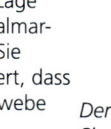

Der Nerv leitet Signale zum Gehirn.

Schweißdrüse

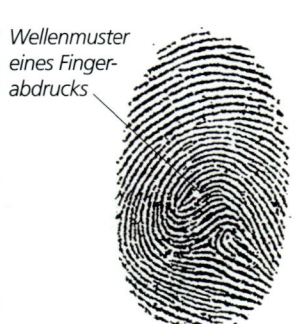

Wellenmuster eines Fingerabdrucks

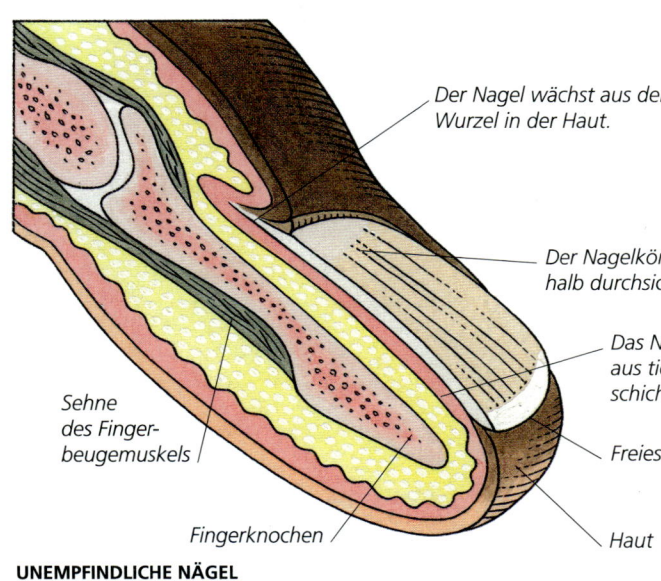

Der Nagel wächst aus der Wurzel in der Haut.

Der Nagelkörper ist halb durchsichtig.

Das Nagelbett besteht aus tieferen Epidermisschichten.

Freies Nagelende

Haut

Sehne des Fingerbeugemuskels

Fingerknochen

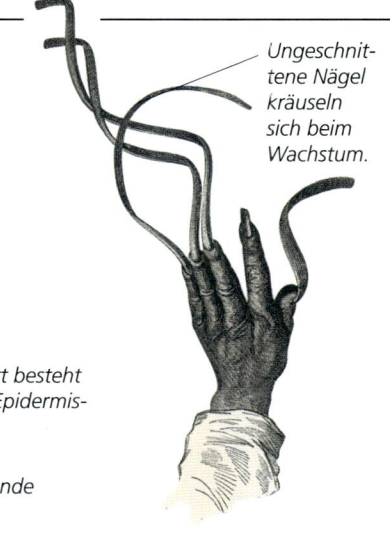

Ungeschnittene Nägel kräuseln sich beim Wachstum.

FINGERABDRÜCKE

Die Haut von Fingern, Zehen, Handflächen und Fußsohlen ist von Wirbeln aus feinen Leisten bedeckt. Sie helfen der Haut an Händen und Füßen ebenso wie die Schweißdrüsen, die entlang der Leisten Schweiß abgeben, beim Zugreifen. Bei der Berührung glatter Oberflächen wie Glas hinterlassen die Leisten der Fingerspitzen Schweißmuster, die Fingerabdrücke. Diese werden anhand von drei Hauptmerkmalen eingeteilt: Bögen, Schleifen und Windungen. Jeder Mensch besitzt einen einzigartigen Fingerabdruck.

UNEMPFINDLICHE NÄGEL

Nägel sind schützende Abdeckungen an Finger- und Zehenspitzen. Die harten Verlängerungen der Oberhaut bestehen aus toten, mit Keratin angefüllten Zellen, weswegen sie, ebenso wie Haare, schmerzfrei geschnitten werden können. Jeder Nagel hat ein freies Ende, einen Körper und eine in der Haut liegende Wurzel. Beim Wachstum gleitet der Nagel durch an der Wurzel nachgebildete Zellen über das Nagelbett nach vorn.

NAGELWACHSTUM

Normalerweise wächst ein Nagel etwa 3 mm im Monat. Die Nägel der längeren Finger wachsen schneller als die der kürzeren. Außerdem wachsen Nägel im Sommer schneller als im Winter. Zehennägel wachsen drei- bis viermal langsamer. Ungeschnitten können Nägel 1 m oder länger werden.

Haarfollikel enthält das wachsende Haar.

Rezeptor für leichte Berührung

Blutgefäße versorgen die Hautzellen.

Fingerspitzen sind voll mit Tastrezeptoren.

Zunge und Lippen sind sehr sensibel.

Gesicht mit sensiblen Bereichen

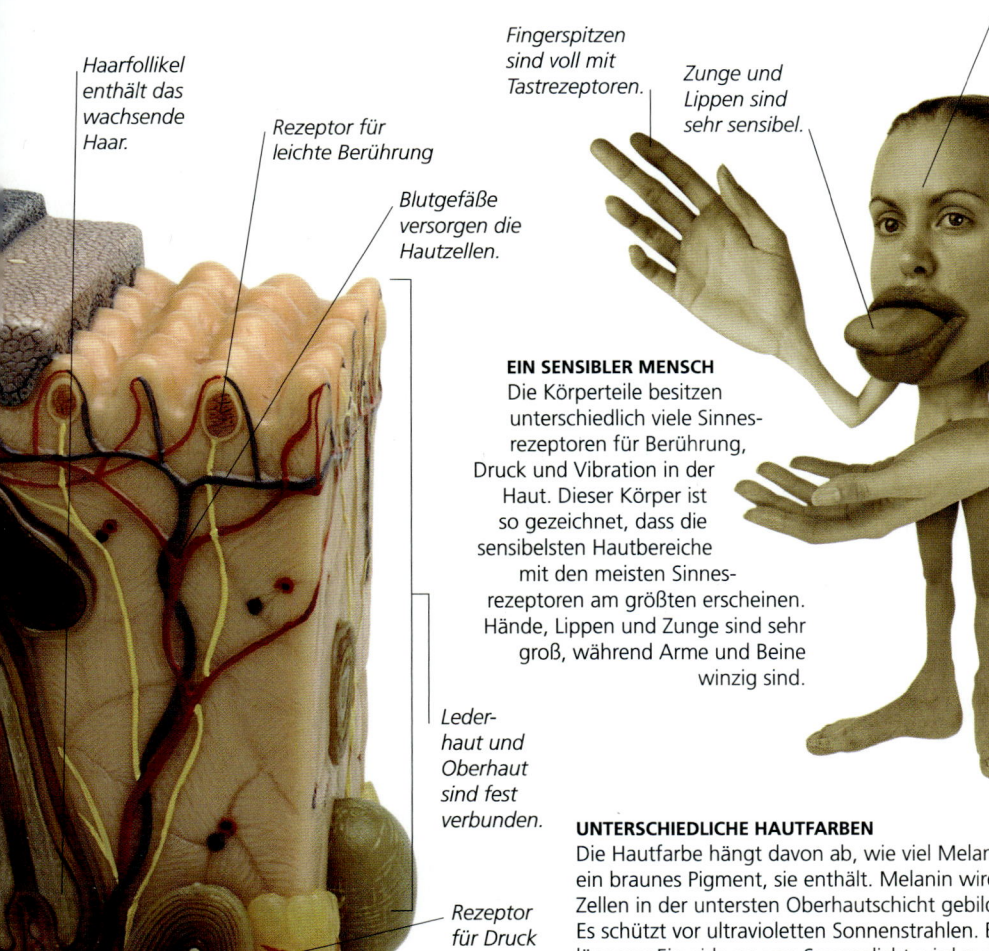

EIN SENSIBLER MENSCH

Die Körperteile besitzen unterschiedlich viele Sinnesrezeptoren für Berührung, Druck und Vibration in der Haut. Dieser Körper ist so gezeichnet, dass die sensibelsten Hautbereiche mit den meisten Sinnesrezeptoren am größten erscheinen. Hände, Lippen und Zunge sind sehr groß, während Arme und Beine winzig sind.

Die Kniekehle ist nicht sehr sensibel.

Lederhaut und Oberhaut sind fest verbunden.

Rezeptor für Druck und Vibration

Die Fettschicht unter der Lederhaut isoliert den Körper.

TOTE HAARE

Diese REM-Aufnahme zeigt Haarschäfte in der Haut. Haare wachsen am Grund des Follikels aus lebenden Zellen. Die Zellen schieben sich nach oben, füllen sich mit Keratin und sterben. Außer an Handflächen, Fußsohlen und Lippen ist der Körper mit Härchen bedeckt. Die Kopfhaare sind länger und dicker als Schutz vor schädlichem Sonnenlicht.

UNTERSCHIEDLICHE HAUTFARBEN

Die Hautfarbe hängt davon ab, wie viel Melanin, ein braunes Pigment, sie enthält. Melanin wird von Zellen in der untersten Oberhautschicht gebildet. Es schützt vor ultravioletten Sonnenstrahlen. Bei längerer Einwirkung von Sonnenlicht wird mehr Melanin hergestellt und die Haut dunkler. Wird blasse Haut plötzlich starker Sonneneinstrahlung ausgesetzt, entsteht ein Sonnenbrand. Menschen, die in Ländern mit hoher Sonneneinstrahlung leben, haben mehr schützendes Melanin und eine dunklere Haut.

Augen und Sehen

Das Sehen ist der wichtigste Körpersinn. Es liefert in jedem wachen Moment eine enorme Menge an Informationen über die Umgebung. Die Sehorgane sind die Augen, die in Form von lichtempfindlichen Zellen mehr als 70 % der Sinnesrezeptoren des Körpers enthalten. Unsere Augen bewegen sich automatisch, passen sich an veränderte Lichtverhältnisse an und bündeln Licht von nahen und entfernten Objekten. Dieses gebündelte Licht wird von Lichtsensoren in elektrische Signale umgewandelt, die zum Gehirn gelangen. Hier werden sie in farbige, dreidimensionale Bilder umgewandelt.

SCHIELEN
Diese fast 1000 Jahre alte arabische Zeichnung zeigt die Sehnervenkreuzung. Die Hälfte der Nervenfasern des rechten Auges zieht zur Verarbeitung in die linke Großhirnhälfte und umgekehrt.

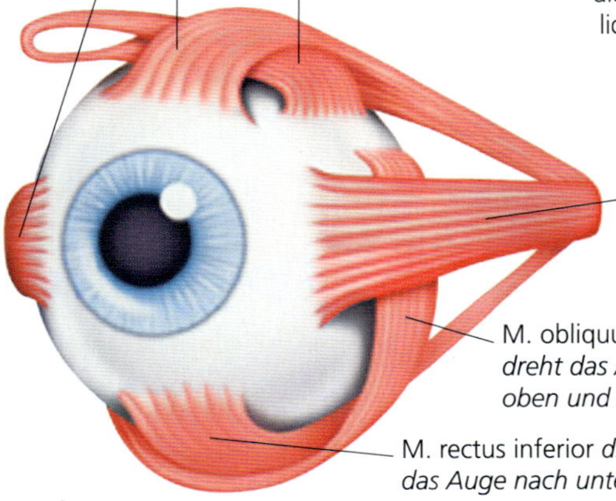

M. rectus medialis *dreht das Auge nach innen zur Nase.*

M. rectus superior *dreht das Auge nach oben.*

M. obliquus superior *dreht das Auge nach unten und außen, von der Nase weg.*

ÄUSSERE SCHICHTEN
Der Augapfel ist dreischichtig aufgebaut. Außen liegt die feste Lederhaut, sichtbar als das Weiße im Auge, außer an der Stelle, an der die klare Hornhaut das Licht eindringen lässt. In der Mitte liegt die Aderhaut, die viele Blutgefäße enthält. Diese versorgen die anderen beiden Schichten. Die innere Schicht ist die Netzhaut. Ihre Millionen lichtempfindlicher Rezeptoren senden Signale über das Gesehene ins Gehirn.

M. rectus lateralis *dreht das Auge nach außen.*

M. obliquus inferior *dreht das Auge nach oben und außen.*

M. rectus inferior *dreht das Auge nach unten.*

BEWEGLICHES AUGE
Beim Beobachten beweglicher Objekte drehen sich die Augäpfel in ihren Höhlen. Beim Abtasten eines Gesichts oder Lesen der Wörter auf dieser Seite machen sie kleine, zuckende Bewegungen. Die sechs feinen Muskeln, die diese Bewegungen ausführen, sind jeweils an Lederhaut und Schädelknochen befestigt und drehen das Auge gemeinsam in alle Richtungen.

Auf-hängeband

Sehgrube

AUGENLIDER UND TRÄNEN
Die weichen, beweglichen Augenlider schützen die Augen und waschen sie bei jedem Wimpernschlag mit Tränenflüssigkeit. Diese stammt aus der Tränendrüse, die hinter dem Oberlid liegt, und fließt durch Tränengänge zum Auge, auf dem sie bei jedem Wimpernschlag verteilt wird. Tränenflüssigkeit befeuchtet das Auge und entfernt Fremdkörper. Bei Schmerzen, Freude oder Trauer weinen Menschen. Durch zwei kleine Löcher im Unterlid nahe der Nase gelangt verbrauchte Tränenflüssigkeit über Gänge in die Nase.

Pupille: Loch in der Mitte der Regenbogenhaut

Hornhaut

Linse

Regenbogenhaut

Ziliarmuskeln

Lederhaut

VORDERES AUGE

Nur ein Sechstel des Augapfels mit Pupille und Regenbogenhaut ist von außen zu erkennen. Der Rest des Augapfels liegt geschützt in der tiefen Augenhöhle des Schädelknochens. Augenbrauen, Augenlider und Wimpern schützen das äußere Auge, indem sie es gegen Staub, Schweiß und grelles Licht abschirmen. Die Farbe der Regenbogenhaut hängt von der Menge des braunen Pigments Melanin ab. Braune Augen enthalten am meisten Melanin.

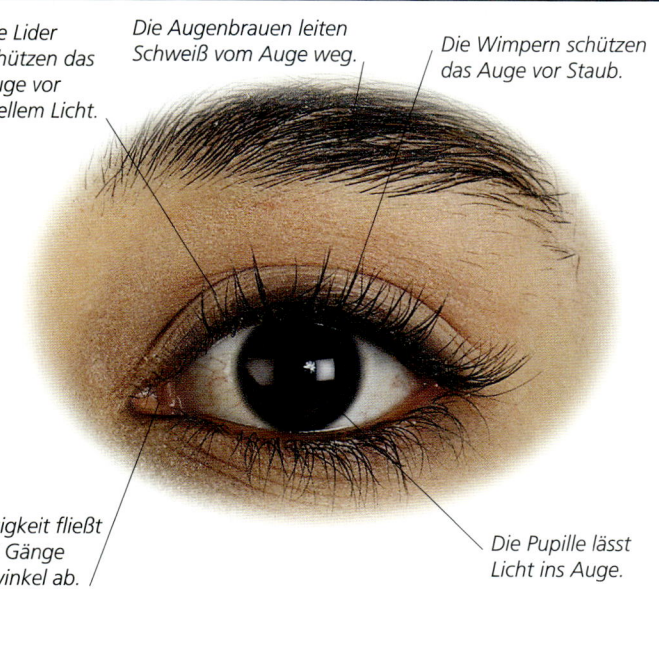

Die Lider schützen das Auge vor grellem Licht.

Die Augenbrauen leiten Schweiß vom Auge weg.

Die Wimpern schützen das Auge vor Staub.

Tränenflüssigkeit fließt durch zwei Gänge im Augenwinkel ab.

Die Pupille lässt Licht ins Auge.

Glaskörper des Augapfels

Im blinden Fleck fehlen Stäbchen und Zapfen.

Der Sehnerv leitet Signale von der Netzhaut zum Gehirn.

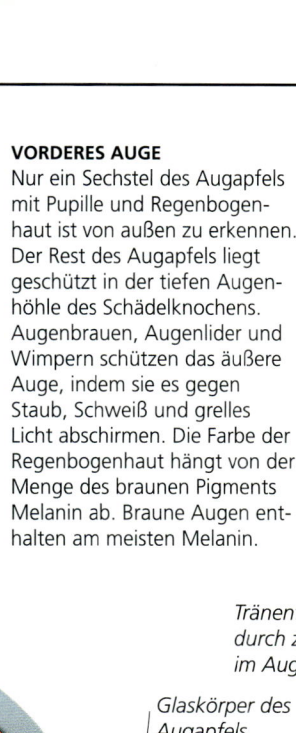

Netzhaut

Aderhaut

Sternförmige Muskelfasern entspannen.

Kreisförmige Muskelfasern verkürzen sich.

Regenbogenhaut

Pupille

Grelles Licht

Sternförmige Muskelfasern verkürzen sich.

Kreisförmige Muskelfasern entspannen.

Regenbogenhaut

Pupille

Schwaches Licht

PUPILLENGRÖSSE

Muskelfasern (rot) in der Regenbogenhaut (blau) passen die Pupillengröße automatisch an. Damit man nicht von grellem Licht geblendet wird, verkürzen sich die kreisförmigen Fasern und verkleinern die Pupille. Bei schwachem Licht verkürzen sich die sternförmig wie Radspeichen angeordneten Fasern und vergrößern die Pupille.

BILDERZEUGUNG

Bei der Betrachtung eines Gegenstands durchqueren die von ihm zurückgeworfenen Lichtstrahlen die Hornhaut, die sie bündelt oder fokussiert, und gelangen durch die Pupille zur Linse. Deren Form wird von den Ziliarmuskeln so angepasst, dass die Lichtstrahlen noch mehr gebündelt werden und ein scharfes, auf dem Kopf stehendes Bild auf der Netzhaut entsteht. Nervensignale werden zum Gehirn gesendet, wo das Bild wieder richtig herum gedreht wird.

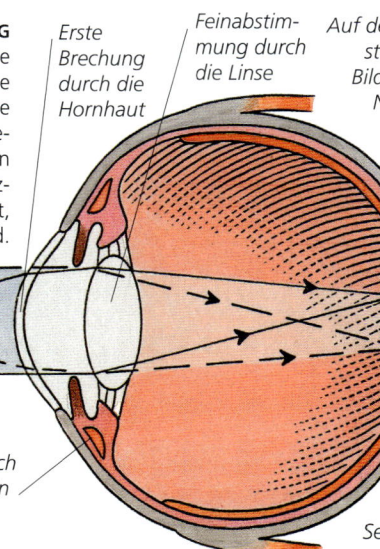

Erste Brechung durch die Hornhaut

Feinabstimmung durch die Linse

Auf dem Kopf stehendes Bild auf der Netzhaut

Vom Objekt zum Auge gelangende Lichtstrahlen

Anpassung der Linsenform durch die Ziliarmuskeln

Sehnerv

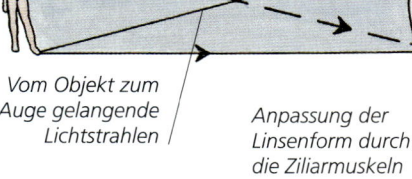

SEHZELLEN

Diese REM-Aufnahme zeigt die beiden lichtempfindlichen Zellarten der Netzhaut. Stäbchen (grün) nehmen nur Grautöne wahr und sprechen gut auf schwaches Licht an. Zapfen (blau) kommen v. a. in der Sehgrube vor und nehmen bei hellem Licht Details und Farben wahr. Jedes Auge enthält etwa 120 Mio. Stäbchen und 6–7 Mio. Zapfen.

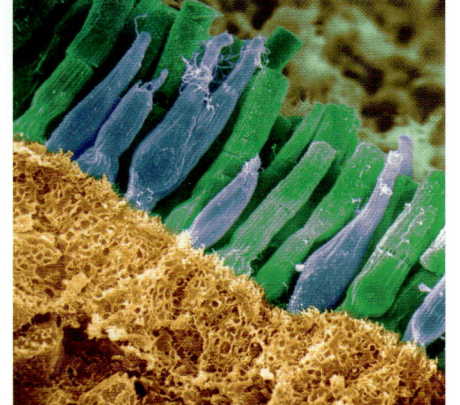

IM INNEREN DES AUGES

Die hinter der Hornhaut gelegene farbige Regenbogenhaut bestimmt, wie viel Licht durch die Pupille in das Auge gelangt. Das Aufhängeband hält die durchsichtige, gebogene Linse und der Platz dahinter wird vom gallertartigen Glaskörper ausgefüllt, der dem Augapfel seine Form verleiht. Die detailliertesten Bilder entstehen, wenn das Licht auf die Sehgrube fällt, dem Abschnitt der Netzhaut, der nur Zapfen enthält (siehe oben rechts).

AUGENFORTSCHRITT

Der deutsche Wissenschaftler Hermann von Helmholtz (1821–1894) schrieb über den menschlichen Körper, z. B. im *Handbuch der physiologischen Optik* (1856–1867). Außerdem war er an der Entwicklung des Augenspiegels beteiligt, einem Instrument mit Lichtquelle und Linse, mit dem der Arzt das Augeninnere betrachten kann.

Ohren und Hören

Abgesehen vom Sehen liefert das Gehör dem Gehirn die meisten Informationen über die Umgebung. Durch den Hörsinn lassen sich Quelle, Richtung und Art von Tönen ermitteln und sind Gespräche mit anderen möglich. Außerdem haben die Ohren eine wichtige Funktion beim Gleichgewichtssinn. Die Ohren nehmen unsichtbare Druckwellen wahr, die Schallwellen, die von einer schwingenden Geräuschquelle aus durch die Luft wandern. Die Ohren wandeln diese Wellen in Nervensignale um, die das Gehirn zu Lauten und Tönen auswertet. Das menschliche Ohr kann recht viele Töne wahrnehmen. Sie reichen von den feinen Tönen einer Flöte bis zu den ohrenbetäubenden Akkorden einer E-Gitarre. Töne unterscheiden sich auch in ihrer Höhe vom Knurren eines Hundes bis zum hohen Gezwitscher eines Vogels. Im Altertum spielten Ohren und Gehör in den Arbeiten der Wissenschaftler und Ärzte kaum eine Rolle. Erst im 16. Jahrhundert befasste man sich erstmals ernsthaft mit dem Hörsinn.

DAS GEISTIGE OHR
Der deutsche Komponist und Pianist Ludwig van Beethoven (1770–1827) ertaubte langsam mit Ende 20. Er überwand sein fehlendes Gehör und komponierte weiterhin Meisterwerke, indem er sich den Klang vorstellte.

OHRENPIONIER
Die Untersuchung der Hörorgane, die 1562 veröffentlicht wurde, ist vermutlich die erste wichtige Arbeit über die Ohren. Autor war der Italiener Bartolomeo Eustachio (um 1520–1574), ein Anatomieprofessor in Rom. Sein Name lebt mit der Eustachischen Röhre weiter, die er entdeckte und die das Mittelohr mit dem hinteren Rachen verbindet.

TROMMELFELL
Das Trommelfell ist ein festes, zartes Häutchen und wie die Haut auf einer Trommel gespannt. Es trennt das äußere Ohr vom Mittelohr und vibriert, wenn Schallwellen in das Ohr gelangen. Der Arzt untersucht das Trommelfell, indem er einen Ohrenspiegel in den Gehörgang einführt. Hinter dem Trommelfell ist der Hammer zu erahnen, das erste der drei Gehörknöchelchen (siehe gegenüber).

Der Hammer ist hinten am Trommelfell befestigt.

WARUM OHREN KNACKEN
Durch die Eustachische Röhre gelangt Luft vom Rachen ins Mittelohr, damit der Luftdruck auf beiden Seiten des Trommelfells gleich ist. Wenn das Trommelfell frei schwingt, kann man gut hören. Bei plötzlicher Änderung des äußeren Luftdrucks, wie bei einem startenden oder landenden Flugzeug, hört man schlechter, da das Trommelfell nicht mehr frei schwingen kann. Gähnen oder Schlucken öffnet die Eustachische Röhre und durch die zum Druckausgleich ins Mittelohr strömende Luft knackt es in den Ohren.

Eustachische Röhre

Zeichnung des Ohrs (18. Jh.)

IM INNEREN DES OHRS
Der Großteil des Ohrs befindet sich im Schläfenbein des Schädels. Das äußere Ohr besteht aus der Ohrmuschel, die Schallwellen in den Gehörgang leitet. Das luftgefüllte Mittelohr beherbergt Trommelfell und die drei kleinen Gehörknöchelchen, welche die Schallwellen in mechanische Bewegung umwandeln. Das flüssigkeitsgefüllte Innenohr besteht aus den Bogengängen, dem Vorhof und der Schnecke, dem Organ, das den Schall in Nervensignale umwandelt.

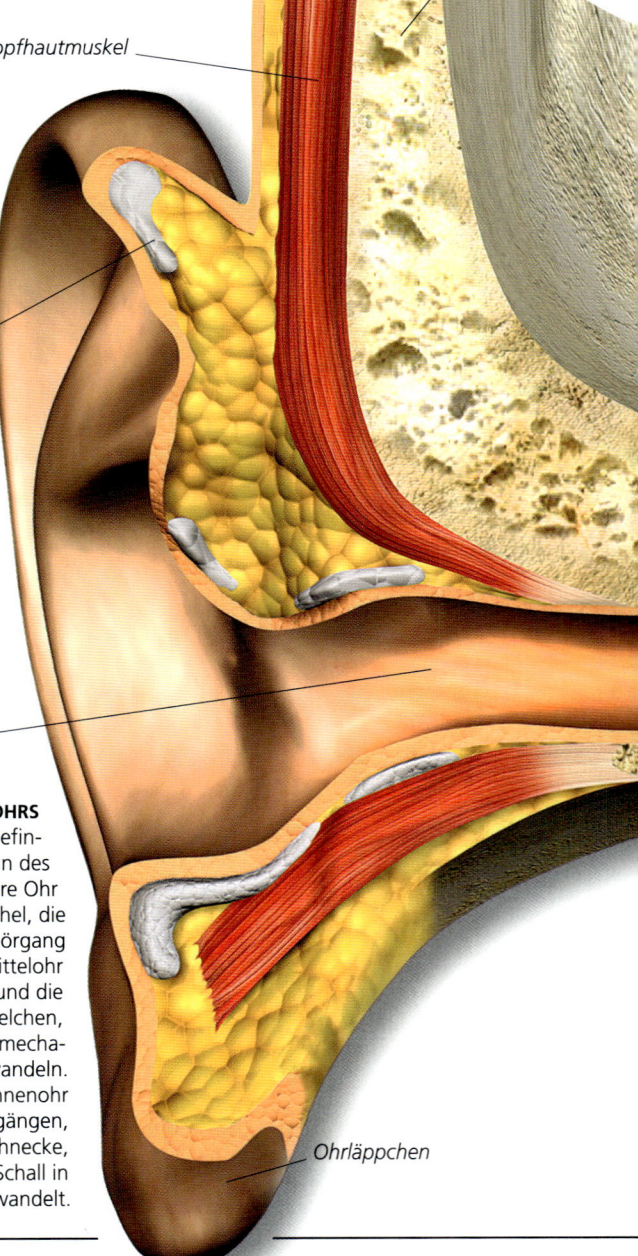

Schläfenbein des Schädels

Kopfhautmuskel

Knorpel stützt die Ohrmuschel.

Gehörgang

Ohrläppchen

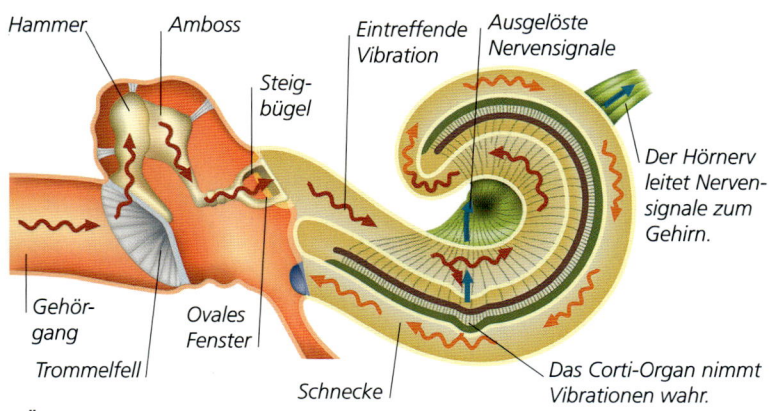

Hammer Amboss Steig-bügel Eintreffende Vibration Ausgelöste Nervensignale

Der Hörnerv leitet Nerven-signale zum Gehirn.

Gehör-gang Ovales Fenster Schnecke Das Corti-Organ nimmt Vibrationen wahr.

Trommelfell

HÖREN

Das Ohr fängt Schallwellen auf und leitet sie trichterförmig durch den Gehör-gang zum Trommelfell, das dadurch schwingt und die drei Gehörknöchel-chen, die durch winzige Gelenke verbunden sind, vor und zurück bewegt. Der innen gelegene Steigbügel zieht und schiebt dabei das bewegliche ovale Fenster wie ein Kolben, sodass die Schwingungen auf die Flüssigkeit in der Schnecke übertragen werden. Der zentrale Schneckengang enthält das lautwahrnehmende Corti-Organ, das die Schwingungen in Nervensignale umwandelt. Diese gelangen über den Hörnerv zum Hörzentrum des Gehirns.

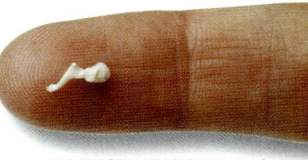

Amboss M. stapedius

M. tensor tympani

Steigbügel

Hammer

KLEINSTE KNOCHEN

Die Gehörknöchelchen sind winzig. Dieses Bild zeigt den Hammer in seiner echten Größe. Er ist etwa 0,3 mm lang und damit etwa doppelt so groß wie der Steigbügel.

GEHÖRKNÖCHELCHEN

Die Gehörknöchelchen des Mittelohrs sind die kleinsten Knochen des Körpers. Ihre Namen haben sie aufgrund ihrer Form: Hammer, Amboss und Steigbügel. An diesen Knochen sind zwei der kleinsten Muskeln des Körpers befestigt, der *M. tensor tympani* und der *M. stapedius*. Diese Muskeln ziehen sich bei sehr lauten Tönen zusammen. Dadurch dämpfen sie die Schwingungen des Trommelfells und ihre eigenen, um das empfindliche Innenohr vor zu starken Vibrationen zu schützen.

Das Mittelohr verbinden Innenohr und äußeres Ohr.

Bogengänge

DAS INNENOHR

Der innerste Anteil des Ohrs besteht aus einem Labyrinth von Kanälen im Schläfenbein, die mit Membranen ausgekleidet und flüssigkeits-gefüllt sind. Ein Ast des Innenohrs führt zur Schnecke. Der Vorhof enthält zwei Gleichgewichtsorgane, das vordere und das hintere Vorhofsäckchen, sowie das ovale Fenster, das Häutchen, durch das die Schwallschwingungen vom Mittelohr zum Innenohr gelangen. Ein weiteres Gleichgewichtsorgan, die Bogengänge, liegen über dem Vorhof.

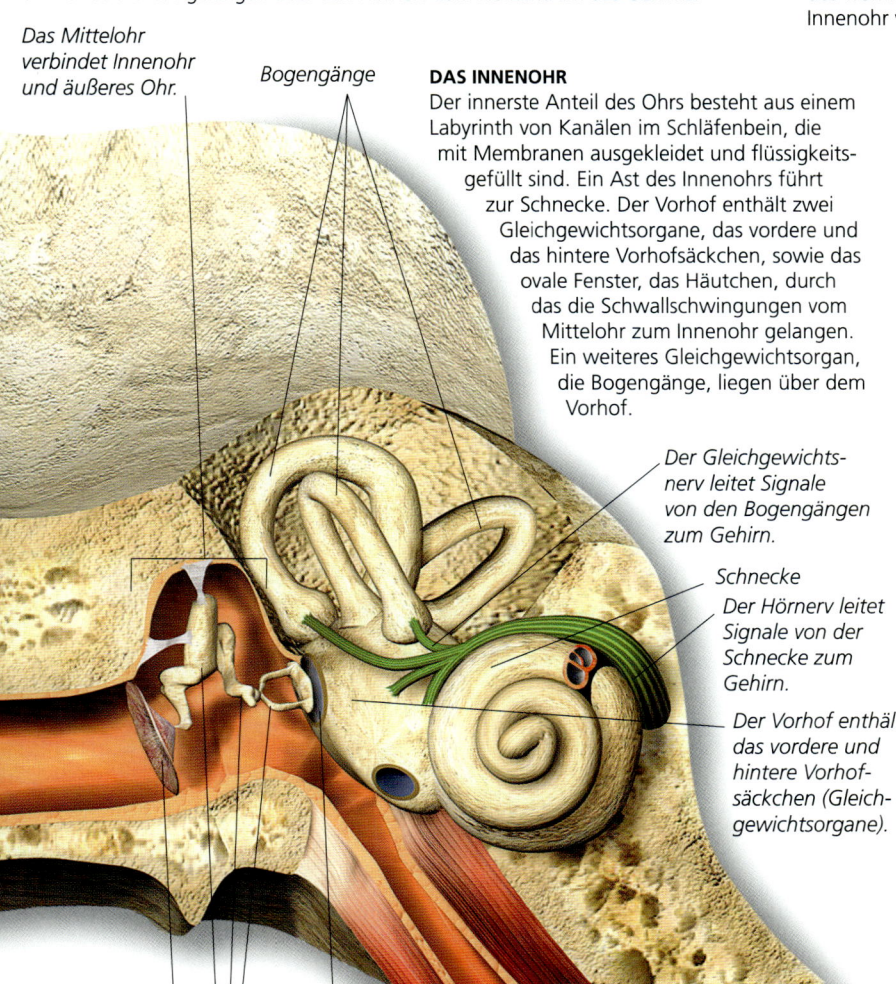

Der Gleichgewichts-nerv leitet Signale von den Bogengängen zum Gehirn.

Schnecke
Der Hörnerv leitet Signale von der Schnecke zum Gehirn.

Der Vorhof enthält das vordere und hintere Vorhof-säckchen (Gleich-gewichtsorgane).

Das Trommelfell trennt das äußere Ohr vom Mittelohr.

Ovales Fenster

Die Gehörknöchelchen verbinden Trommelfell und ovales Fenster.

Eustachische Röhre

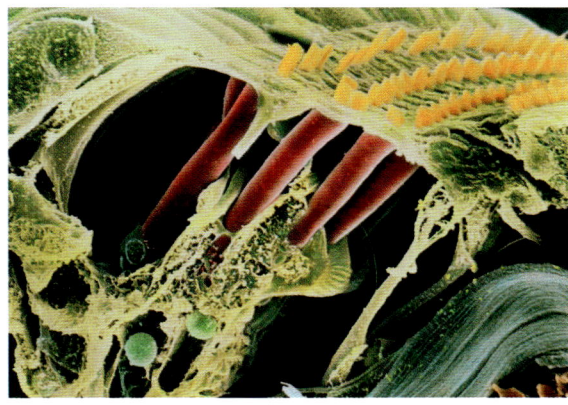

CORTI-ORGAN

Das Corti-Organ besteht aus mehreren Reihen von Haarzellen (rot) mit einem V-förmigen Haarbüschel (gelb). Durch Schall-schwingungen der Flüssigkeit in der Schnecke werden die Haarzellen nach oben und unten bewegt. Dabei werden die Haare abgelenkt, sodass die Haarzellen Signale erzeugen.

GLEICHGEWICHTSAKT

Das Innenohr enthält die Organe, die dem Körper dabei helfen, das Gleichgewicht zu halten. Die drei Bogengänge nehmen Drehungen des Kopfes in alle Richtungen wahr. Die beiden Vor-hofsäckchen erkennen die Kopfhaltung und nehmen Beschleuni-gungen wahr, z. B. in einem Fahrstuhl nach oben oder unten. Diese Gleichgewichtsorgane halten das Gehirn stän-dig auf dem Laufenden, damit es den Körper aufrecht halten kann.

Nase und Zunge

Riechen und Schmecken sind eng miteinander verbunden, da beide Chemikalien wahrnehmen. Die Geschmacksrezeptoren der Zunge nehmen Stoffe in Getränken und zerkauter Nahrung wahr, die Riechrezeptoren in der Nasenhöhle Geruchsmoleküle in der Luft. Gemeinsam erlauben sie uns, Speisen und Getränke zu genießen. Der Geruchsinn ist 10 000-mal sensibler als der Geschmackssinn, weswegen man bei verstopfter Nase nichts mehr schmeckt. Gemeinsam schützen die beiden Sinne uns vor Gefahren, da sie gefährliche Gerüche wie Rauch wahrnehmen können sowie den bitteren Geschmack verdorbener oder giftiger Speisen.

SCHLECHTE LUFT
Jahrhundertelang glaubten Ärzte, dass Krankheiten durch schlechte Gerüche ausgelöst und verbreitet wurden. Dieser Arzt des 14. Jh. hält eine Duftkugel mit aromatischen Kräutern an seine Nase, um schlechte Gerüche zu überdecken und sich nicht beim Patienten anzustecken.

Linke Großhirnhälfte

Schädelknochen

Der Riechkolben leitet die Riechsignale zum Vorderhirn.

Äste des Riechnervs haben Verbindung zum Riechkolben.

Nasenmuscheln (mit Nasenschleimhaut bedeckte Knochenvorsprünge) halten die Luft in der Nase feucht.

Die Nasenhöhle verbindet die Nasenlöcher mit dem Rachen.

Mundhöhle

Die Zungenoberfläche ist von Papillen bedeckt, die Geschmacksknospen tragen.

Paukensaite: Ast des Gesichtsnervs, der Geschmackssignale von den vorderen zwei Zungendritteln weiterleitet

Einer der Muskeln, der die Zunge bewegt

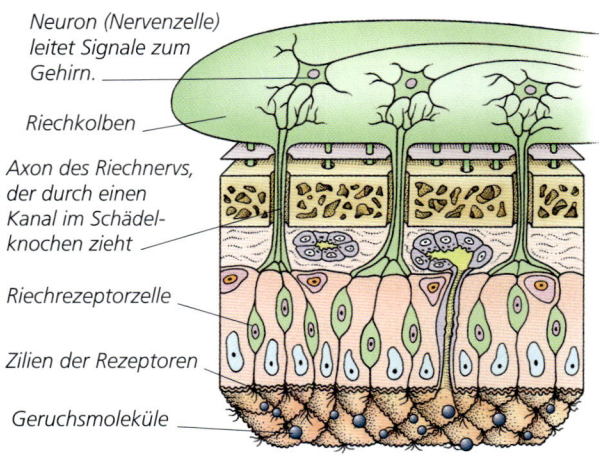

Neuron (Nervenzelle) leitet Signale zum Gehirn.

Riechkolben

Axon des Riechnervs, der durch einen Kanal im Schädelknochen zieht

Riechrezeptorzelle

Zilien der Rezeptoren

Geruchsmoleküle

IM INNEREN DER NASE
Dieser Querschnitt zeigt eine Vergrößerung des Nasenhöhlendachs. Seine Auskleidung (rosa) enthält Tausende von Riechrezeptorzellen, die Geruchsmoleküle in der Luft wahrnehmen. Jeder Rezeptor enthält an einem Ende ein Büschel haarartiger Zilien, die in den wässrigen Nasenschleim ragen. Das andere Ende ist über Axone (Nervenfasern) des Riechnervs und den Riechkolben mit dem Gehirn verbunden.

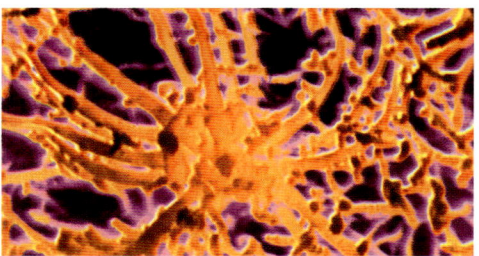

GERUCHSSENSOREN
Diese REM-Aufnahme zeigt die Zilien auf der Spitze einer Rezeptorzelle. Geruchsmoleküle werden im Schleim gelöst und binden an die Zilien, sodass die Rezeptorzellen Signale zum Gehirn senden.

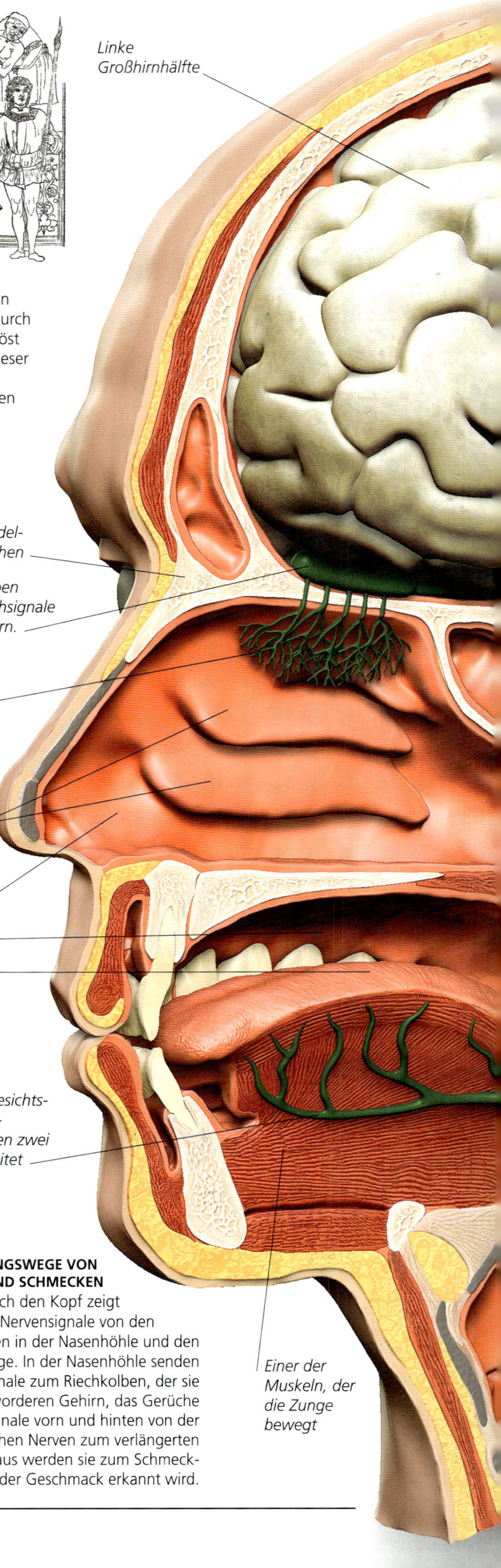

LEITUNGSWEGE VON RIECHEN UND SCHMECKEN
Dieser Querschnitt durch den Kopf zeigt die Leitungswege der Nervensignale von den Riechrezeptoren hoch oben in der Nasenhöhle und den Geschmacksknospen der Zunge. In der Nasenhöhle senden Äste des Riechnervs Signale zum Riechkolben, der sie weiterleitet zu Bereichen im vorderen Gehirn, das Gerüche zuordnet. Die Geschmacksignale vorn und hinten von der Zunge laufen mit unterschiedlichen Nerven zum verlängerten Mark des Hirnstamms. Von dort aus werden sie zum Schmeckzentrum des Gehirns geleitet, wo der Geschmack erkannt wird.

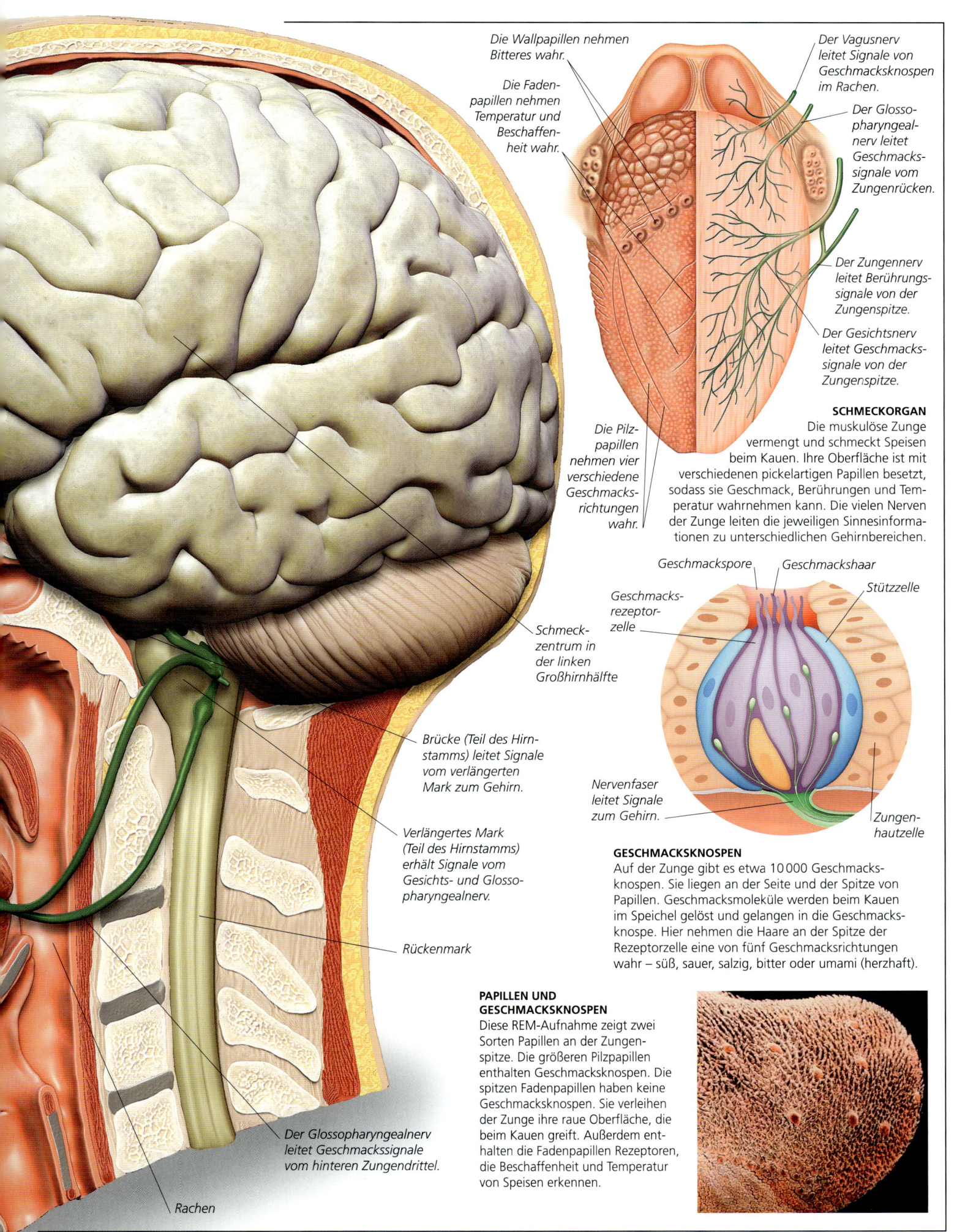

Die Wallpapillen nehmen Bitteres wahr.

Die Fadenpapillen nehmen Temperatur und Beschaffenheit wahr.

Der Vagusnerv leitet Signale von Geschmacksknospen im Rachen.

Der Glossopharyngealnerv leitet Geschmackssignale vom Zungenrücken.

Der Zungennerv leitet Berührungssignale von der Zungenspitze.

Der Gesichtsnerv leitet Geschmackssignale von der Zungenspitze.

Die Pilzpapillen nehmen vier verschiedene Geschmacksrichtungen wahr.

SCHMECKORGAN

Die muskulöse Zunge vermengt und schmeckt Speisen beim Kauen. Ihre Oberfläche ist mit verschiedenen pickelartigen Papillen besetzt, sodass sie Geschmack, Berührungen und Temperatur wahrnehmen kann. Die vielen Nerven der Zunge leiten die jeweiligen Sinnesinformationen zu unterschiedlichen Gehirnbereichen.

Schmeckzentrum in der linken Großhirnhälfte

Brücke (Teil des Hirnstamms) leitet Signale vom verlängerten Mark zum Gehirn.

Verlängertes Mark (Teil des Hirnstamms) erhält Signale vom Gesichts- und Glossopharyngealnerv.

Rückenmark

Der Glossopharyngealnerv leitet Geschmackssignale vom hinteren Zungendrittel.

Rachen

Geschmackspore

Geschmackshaar

Geschmacksrezeptorzelle

Stützzelle

Nervenfaser leitet Signale zum Gehirn.

Zungenhautzelle

GESCHMACKSKNOSPEN

Auf der Zunge gibt es etwa 10 000 Geschmacksknospen. Sie liegen an der Seite und der Spitze von Papillen. Geschmacksmoleküle werden beim Kauen im Speichel gelöst und gelangen in die Geschmacksknospe. Hier nehmen die Haare an der Spitze der Rezeptorzelle eine von fünf Geschmacksrichtungen wahr – süß, sauer, salzig, bitter oder umami (herzhaft).

PAPILLEN UND GESCHMACKSKNOSPEN

Diese REM-Aufnahme zeigt zwei Sorten Papillen an der Zungenspitze. Die größeren Pilzpapillen enthalten Geschmacksknospen. Die spitzen Fadenpapillen haben keine Geschmacksknospen. Sie verleihen der Zunge ihre raue Oberfläche, die beim Kauen greift. Außerdem enthalten die Fadenpapillen Rezeptoren, die Beschaffenheit und Temperatur von Speisen erkennen.

Chemische Boten

Neben Gehirn und Nervennetzwerk besitzt der Körper ein weiteres Kontrollsystem. Das endokrine System besteht aus zahlreichen Drüsen, die chemische Botenstoffe ins Blut abgeben, die Hormone. Hormone steuern Abläufe im Körper wie Wachstum und Fortpflanzung, indem sie die chemische Aktivität bestimmter Zielzellen ändern. Im Vergleich zum schnell arbeitenden Nervensystem, das elektrische Signale verwendet, arbeitet das endokrine System eher langsam und mit längerer Wirkung. Die wichtigste Hormondrüse, die Hirnanhangdrüse, wird vom Hypothalamus kontrolliert, dem Teil des Gehirns, der Nervensystem und endokrines System miteinander verbindet.

Hypothalamus

Die Nervenzellen an der Vorderseite des Hypothalamus stellen die Hormone Oxytocin und ADH her.

Der Hirnanhang-drüsenstiel verbindet Hypothalamus und Hirnanhangdrüse.

Durch Blutgefäße gelangen die Steuerhormone des Hypothalamus zum vorderen Anteil der Hirnanhangdrüse.

Der Vorderlappen der Hirnanhangdrüse wird durch Steuerhormone des Hypothalamus dazu veranlasst Hormone abzugeben.

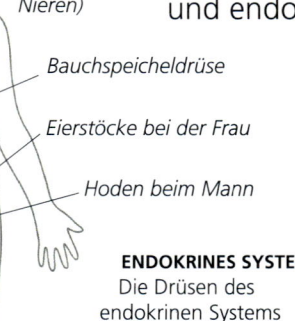

Hirnan-hangdüse
Schild-drüse
Thymus
Nebennieren (auf den Nieren)
Bauchspeicheldrüse
Eierstöcke bei der Frau
Hoden beim Mann

ENDOKRINES SYSTEM
Die Drüsen des endokrinen Systems befinden sich in Kopf und Rumpf. Manche dieser Drüsen, wie die Schilddrüse, sind eigenständige Organe, während andere Teile von Organen mit anderen Funktionen sind. So sind die hormonproduzierenden Inselzellen ein Teil der Bauchspeicheldrüse.

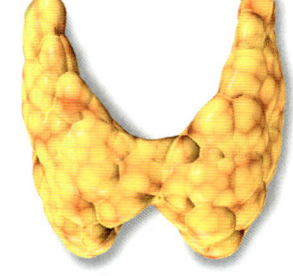

SCHILDDRÜSE
Die schmetterlingsförmige Schilddrüse liegt im Hals und stellt v. a. zwei Hormone her. Thyroxin steigert die Stoffwechselrate der meisten Körperzellen und fördert dadurch Körperwachstum und -entwicklung. Calcitonin fördert den Übertritt des Knochenbaustoffs Kalzium aus dem Blut in die Knochen.

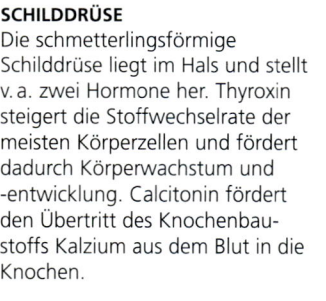

Rechte Niere
Nebenniere

NEBENNIERE
Die Nebennieren sitzen den Nieren jeweils oben auf. Ihr äußerer Anteil, die Rinde, stellt mehrere Hormone her, die Glukokortikoide. Sie steuern u. a. den Wasser- und Salzgehalt des Bluts, beschleunigen den Körperstoffwechsel und helfen bei Stress. Der innere Anteil der Nebenniere, das Mark, wird vom Nervensystem gesteuert. Es setzt Adrenalin frei, das den Körper auf den Umgang mit Gefahren vorbereitet (siehe links).

KAMPF ODER FLUCHT
Das Hormon Adrenalin bereitet den Körper auf Aktionen bei Gefahr vor. Es wirkt rasch, beschleunigt die Herz- und Atmungsrate und sorgt dafür, dass extra viel Blut mit Traubenzucker zu den Muskeln gelangt. So wird der Körper darauf vorbereitet zu kämpfen oder zu flüchten.

Venen leiten die Hormone zum Körper.

HYPOTHALAMUS

Der an der Mitte der Hirnunterseite liegende Hypothalamus steuert zahlreiche Körperabläufe, einige davon mit Verstärkung durch die Hirnanhangdrüse. Nervenzellen an der Rückseite des Hypothalamus stellen Steuerhormone her, die mit dem Blut zum Vorderlappen der Hirnanhangdrüse gelangen. Dort veranlassen sie die Freisetzung von Hirnanhangdrüsenhormonen. Nervenzellen an der Vorderseite des Hypothalamus stellen zwei Hormone her, die entlang von Axonen (Nervenfasern) zum Hinterlappen der Hirnanhangdrüse gelangen, wo sie bis zu ihrer Freisetzung gespeichert werden.

Nervenzellen an der Rückseite des Hypothalamus geben Steuerhormone in die Blutgefäße ab, die den Vorderlappen versorgen.

BAUCHSPEICHELDRÜSE

Die Bauchspeicheldrüse hat zwei Aufgaben. Sie besteht überwiegend aus Drüsenzellen, die Verdauungsenzyme herstellen und durch Gänge in den Dünndarm abgeben (S. 54–55). Außerdem enthält die Bauchspeicheldrüse endokrines Gewebe, das die Hormone Insulin und Glukagon direkt ins Blut abgibt. Diese beiden Hormone sorgen für einen gleichbleibenden Blutspiegel des aus der Nahrung stammenden Traubenzuckers, der den Körper mit Energie versorgt.

Nervenfasern leiten Oxytocin und ADH vom Hypothalamus zum Hinterlappen der Hirnanhangdrüse.

Arterien bringen Blut zur Hirnanhangdrüse.

INSELZELLEN

Dieses mikroskopische Bild zeigt Bauchspeicheldrüsengewebe. Es ist mit mehr als 1 Mio. Zellhaufen gesprenkelt, den Langerhans-Inseln (Mitte). Sie sind nach dem deutschen Arzt Paul Langerhans benannt (1847–1888), der sie 1869 als Erster unter dem Mikroskop entdeckte. In den 1890er-Jahren entdeckten Wissenschaftler, dass Inselzellen Sekrete abgeben, die später als Hormone bezeichnet wurden.

Sir Frederick Banting
(1891–1941)

Charles Best
(1899–1978)

DIE GESCHICHTE DES INSULINS

Fehlt dem Körper Insulin, entsteht eine schwere Krankheit mit zu hohem Blutzucker, der *Diabetes mellitus* (Zuckerkrankheit). 1922 gelang es dem Kanadier Frederick Banting und dem Amerikaner Charles Best Insulin zu gewinnen, sodass es zur Behandlung dieser oft tödlichen Krankheit verwendet werden konnte. Banting erhielt 1923 einen Nobelpreis, teilte das Preisgeld jedoch mit Best.

Der Hinterlappen der Hirnanhangdrüse speichert ADH und Oxytocin und setzt sie frei.

HIRNANHANGDRÜSE

Die erbsengroße Hirnanhangdrüse sitzt an der Gehirnunterseite und besteht aus Vorder- und Hinterlappen. Der Vorderlappen stellt sechs Hormone her, die Wachstum, Fortpflanzung und Stoffwechsel steuern, indem sie andere Drüsen zur Hormonabgabe bringen. Der Hinterlappen speichert antidiuretisches Hormon (ADH) und Oxytocin und setzt sie frei. ADH steuert den Wassergehalt des Urins, letzteres veranlasst Gebärmutterkontraktionen bei Wehen.

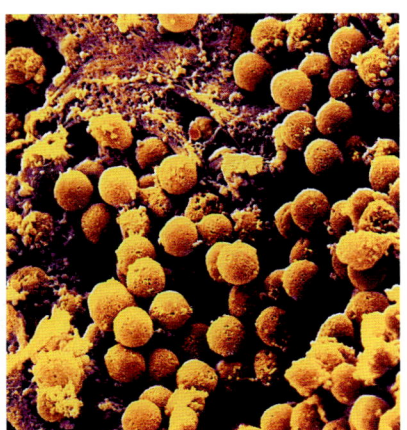

THYMUS

Die unter dem Schlüsselbein liegende Thymusdrüse ist in der Kindheit groß und schrumpft im Erwachsenenalter. In den ersten Lebensjahren stellt sie zwei Hormone her, die für eine normale Entwicklung bestimmter weißer Blutkörperchen sorgen, der T-Zellen oder T-Lymphozyten (S. 45). Diese Zellen spielen eine wichtige Rolle bei der Krankheitsbekämpfung, indem sie Krankheitserreger erkennen und zerstören. Diese REM-Aufnahme zeigt unreife T-Lymphozyten (gelb) im Thymus.

Das Herz

ORGANLAGERUNG
Bei der Herstellung von Mumien entnahmen die alten Ägypter die meisten Körperorgane und lagerten sie in Krügen wie diesen. Nur das Herz, das als Sitz der Seele galt, wurde für das Leben danach im Körper belassen.

Nach Überzeugung der alten Griechen war das Herz der Sitz von Liebe und Intelligenz. Aufgrund von Entdeckungen im 17. Jahrhundert wissen wir, dass das Herz eine außerordentlich zuverlässige Muskelpumpe ist und das Gehirn der Sitz von Liebe und Gefühlen. Außerdem zeigten diese Entdeckungen, dass das menschliche Herz aus einer rechten und einer linken Hälfte besteht.

DIE RICHTIGEN VERBINDUNGEN
Der italienische Anatom und Botaniker Andrea Cesalpino (1519–1603) beschrieb die Verbindungen des Herzens mit den großen Körpergefäßen und der Lunge erstaunlich richtig. Allerdings schlussfolgerte er fälschlicherweise, dass das Blut das Herz durch alle angeschlossenen Gefäße verlässt, auch durch die Venen.

Jede Seite enthält zwei miteinander verbundene Hohlräume: einen oben liegenden dünnwandigen Vorhof und eine darunter liegende Kammer mit erheblich dickerer Wand. Jede Kammer pumpt Blut in einen anderen Kreislauf. Im Lungenkreislauf pumpt die rechte Kammer sauerstoffarmes Blut in die Lunge, wo es mit Sauerstoff angereichert wird und zurück zum linken Vorhof fließt. Im Körperkreislauf pumpt die linke Kammer sauerstoffreiches Blut durch den Körper und zurück zum rechten Vorhof. Die Herzwand besteht überwiegend aus Herzmuskulatur, einer niemals ermüdenden Muskelform. Im Lauf des Lebens schlägt das Herz durchschnittlich 2,5 Milliarden Mal ohne Pause.

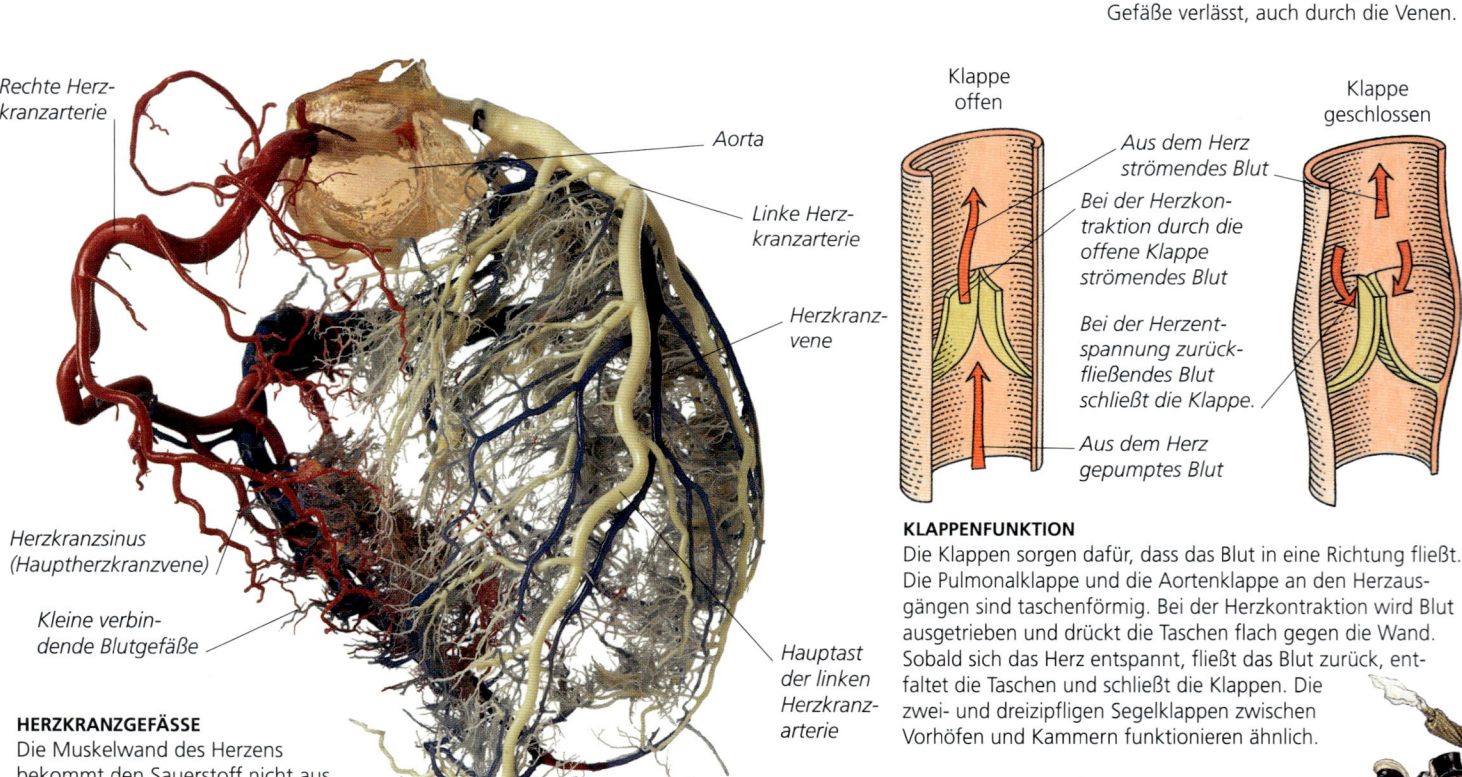

Rechte Herz-
kranzarterie

Aorta

Linke Herz-
kranzarterie

Herzkranz-
vene

Herzkranzsinus
(Hauptherzkranzvene)

Kleine verbin-
dende Blutgefäße

Hauptast
der linken
Herzkranz-
arterie

Klappe offen

Klappe geschlossen

Aus dem Herz strömendes Blut

Bei der Herzkontraktion durch die offene Klappe strömendes Blut

Bei der Herzentspannung zurückfließendes Blut schließt die Klappe.

Aus dem Herz gepumptes Blut

KLAPPENFUNKTION
Die Klappen sorgen dafür, dass das Blut in eine Richtung fließt. Die Pulmonalklappe und die Aortenklappe an den Herzausgängen sind taschenförmig. Bei der Herzkontraktion wird Blut ausgetrieben und drückt die Taschen flach gegen die Wand. Sobald sich das Herz entspannt, fließt das Blut zurück, entfaltet die Taschen und schließt die Klappen. Die zwei- und dreizipfligen Segelklappen zwischen Vorhöfen und Kammern funktionieren ähnlich.

HERZKRANZGEFÄSSE
Die Muskelwand des Herzens bekommt den Sauerstoff nicht aus dem Blut, das durch Vorhöfe und Kammern gepumpt wird, sondern aus einem eigenen Blutversorgungssystem, den Herzkranzgefäßen, die den Sauerstoff liefern, der das Herz am Schlagen hält. Die linke und die rechte Herzkranzarterie gehen von der Aorta ab und verzweigen sich über die gesamte Herzmuskulatur. Das sauerstoffarme Blut wird von Herzkranzvenen in die Herzkranzsinus abgeleitet. Diese große Vene leitet das Blut zum rechten Vorhof, wo es erneut seine Reise durch das Herz antritt.

HERZSCHLAGRATE
In Ruhe schlägt das Herz eines Erwachsenen normalerweise etwa 60–80-mal in der Minute und pumpt dabei 6 l Blut. Bei jedem Schlag läuft eine Druckwelle durch das Arteriennetzwerk des Körpers. Dieser Druck lässt sich an der Speichenarterie am Handgelenk als Puls tasten. Bei Bewegung brauchen die Muskeln mehr Sauerstoff und Nährstoffe. Das Herz schlägt schneller und kräftiger, bis zu 150-mal in der Minute, und pumpt bis zu 35 l Blut durch den Kreislauf.

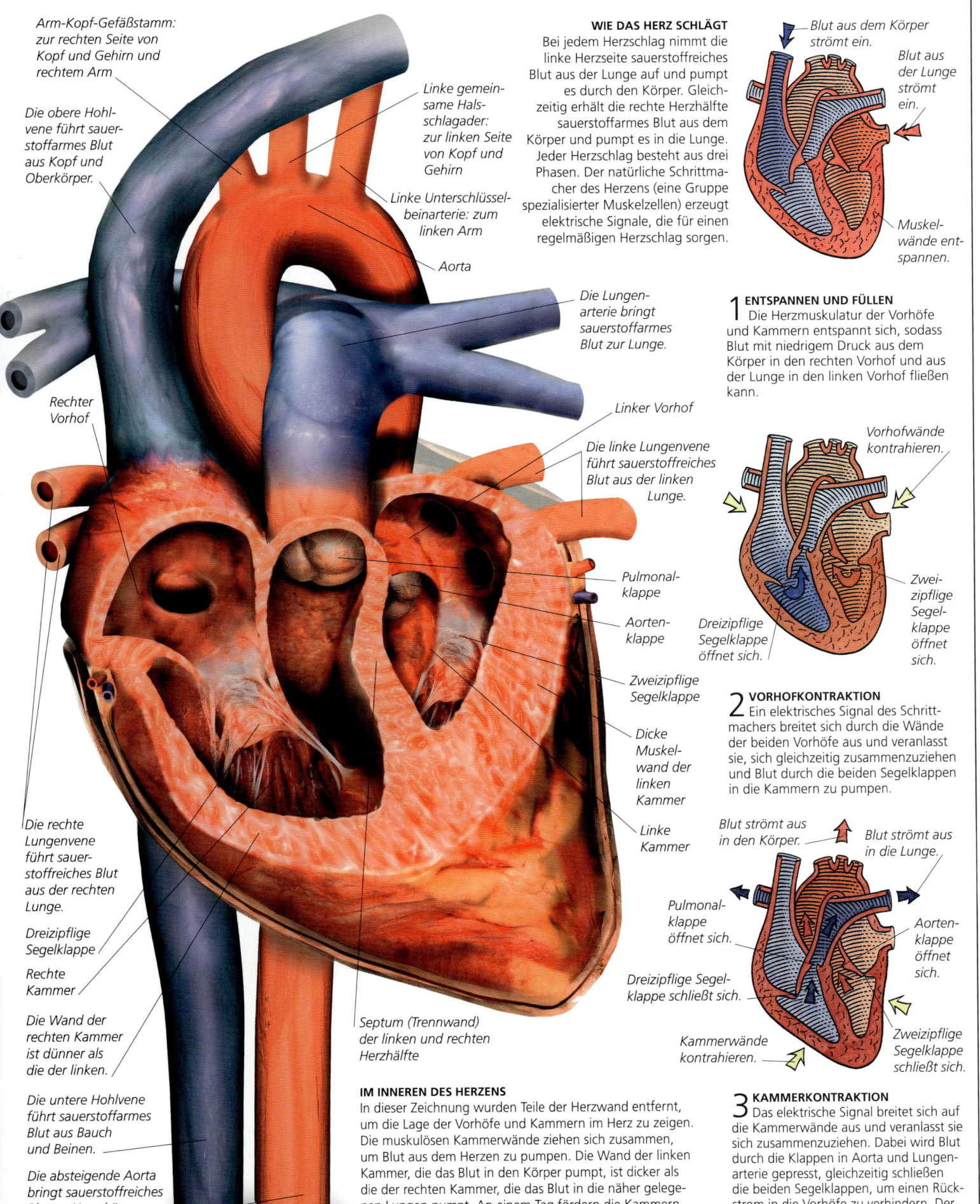

Arm-Kopf-Gefäßstamm: zur rechten Seite von Kopf und Gehirn und rechtem Arm

Die obere Hohlvene führt sauerstoffarmes Blut aus Kopf und Oberkörper.

Linke gemeinsame Halsschlagader: zur linken Seite von Kopf und Gehirn

Linke Unterschlüsselbeinarterie: zum linken Arm

Aorta

Die Lungenarterie bringt sauerstoffarmes Blut zur Lunge.

Rechter Vorhof

Linker Vorhof

Die linke Lungenvene führt sauerstoffreiches Blut aus der linken Lunge.

Pulmonalklappe

Aortenklappe

Zweizipflige Segelklappe

Dicke Muskelwand der linken Kammer

Linke Kammer

Die rechte Lungenvene führt sauerstoffreiches Blut aus der rechten Lunge.

Dreizipflige Segelklappe

Rechte Kammer

Die Wand der rechten Kammer ist dünner als die der linken.

Die untere Hohlvene führt sauerstoffarmes Blut aus Bauch und Beinen.

Die absteigende Aorta bringt sauerstoffreiches Blut zu Unterkörper und Beinen.

Septum (Trennwand) der linken und rechten Herzhälfte

WIE DAS HERZ SCHLÄGT

Bei jedem Herzschlag nimmt die linke Herzseite sauerstoffreiches Blut aus der Lunge auf und pumpt es durch den Körper. Gleichzeitig erhält die rechte Herzhälfte sauerstoffarmes Blut aus dem Körper und pumpt es in die Lunge. Jeder Herzschlag besteht aus drei Phasen. Der natürliche Schrittmacher des Herzens (eine Gruppe spezialisierter Muskelzellen) erzeugt elektrische Signale, die für einen regelmäßigen Herzschlag sorgen.

Blut aus dem Körper strömt ein.

Blut aus der Lunge strömt ein.

Muskelwände entspannen.

1 ENTSPANNEN UND FÜLLEN
Die Herzmuskulatur der Vorhöfe und Kammern entspannt sich, sodass Blut mit niedrigem Druck aus dem Körper in den rechten Vorhof und aus der Lunge in den linken Vorhof fließen kann.

Vorhofwände kontrahieren.

Zweizipflige Segelklappe öffnet sich.

Dreizipflige Segelklappe öffnet sich.

2 VORHOFKONTRAKTION
Ein elektrisches Signal des Schrittmachers breitet sich durch die Wände der beiden Vorhöfe aus und veranlasst sie, sich gleichzeitig zusammenzuziehen und Blut durch die beiden Segelklappen in die Kammern zu pumpen.

Blut strömt aus in den Körper.

Blut strömt aus in die Lunge.

Pulmonalklappe öffnet sich.

Aortenklappe öffnet sich.

Dreizipflige Segelklappe schließt sich.

Kammerwände kontrahieren.

Zweizipflige Segelklappe schließt sich.

IM INNEREN DES HERZENS
In dieser Zeichnung wurden Teile der Herzwand entfernt, um die Lage der Vorhöfe und Kammern im Herz zu zeigen. Die muskulösen Kammerwände ziehen sich zusammen, um Blut aus dem Herzen zu pumpen. Die Wand der linken Kammer, die das Blut in den Körper pumpt, ist dicker als die der rechten Kammer, die das Blut in die näher gelegenen Lungen pumpt. An einem Tag fördern die Kammern bis zu 15 000 l Blut.

3 KAMMERKONTRAKTION
Das elektrische Signal breitet sich auf die Kammerwände aus und veranlasst sie, sich zusammenzuziehen. Dabei wird Blut durch die Klappen in Aorta und Lungenarterie gepresst, gleichzeitig schließen die beiden Segelklappen, um einen Rückstrom in die Vorhöfe zu verhindern. Der Klappenschluss ist als Herzton zu hören.

Im Kreislauf

Jede der Billionen Körperzellen muss ständig Sauerstoff, Nährstoffe und andere lebensnotwendige Stoffe erhalten und Abfälle entsorgen. Diese Aufgabe hat der Blutkreislauf. Das Herz pumpt Blut durch den Körper und versorgt die Zellen über ein riesiges Gefäßnetzwerk mit allem Nötigen. Hintereinandergelegt würde dieses Netzwerk aus Kapillaren, Arterien und Venen 100 000 Kilometer ergeben. Die Kapillaren machen 98 % der Blutgefäße aus. Diese winzigen Röhrchen, die kaum breiter sind als die Blutkörperchen, erreichen fast jede Körperzelle. Ein zweites Transportsystem, das Lymphsystem, leitet überschüssige Flüssigkeit aus den Geweben ab. Blutkreislauf und Lymphsystem spielen eine wichtige Rolle beim Schutz des Körpers vor Krankheiten.

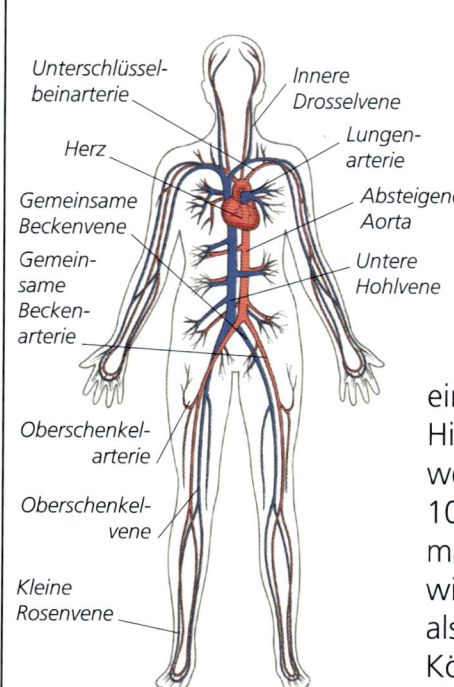

Unterschlüssel-beinarterie

Innere Drosselvene

Herz

Lungen-arterie

Gemeinsame Beckenvene

Absteigende Aorta

Gemein-same Becken-arterie

Untere Hohlvene

Oberschenkel-arterie

Oberschenkel-vene

Kleine Rosenvene

KREISLAUFSYSTEM
Diese vereinfachte Zeichnung des Kreislaufsystems zeigt die großen Blutgefäße, die vom Herz in alle Körperteile abgehen. Arterien leiten sauerstoffreiches Blut vom Herzen zu den Körpergeweben, Venen sauerstoffarmes Blut aus den Geweben zum Herzen. Kapillaren, die zu klein sind, um sie hier zu zeigen, leiten Blut durch die Gewebe und verbinden Arterien und Venen.

Äußere Beckenarterie

Äußere Beckenvene

Becken (Hüftknochen)

Die Oberschenkelvene führt Blut aus dem Oberschenkel.

Der Ast der Oberschenkelarterie versorgt den Oberschenkel.

Die große Rosenvene führt Blut aus Fuß und Unterschenkel.

William Harvey

IM KREIS HERUM
Bis ins 17. Jh. glaubte man, dass das Blut in den Venen vor und zurück fließt. Die Versuche des englischen Arztes William Harvey (1578–1657) zeigten, dass das Herz das Blut in einer Richtung durch den Körper pumpt. Harvey, der seine Theorie hier auf dem Bild König Charles I. erklärt, veröffentlichte seine Ergebnisse 1628 in dem Buch *Die Bewegung des Herzens und des Blutes*.

VENENKLAPPEN
Harveys Überlegungen zum Blutkreislauf waren das Ergebnis sorgfältiger Untersuchungen und nicht traditioneller Überzeugungen. Sein Ansatz ist der Beginn der wissenschaftlichen Medizin. Harveys Zeichnungen zeigen, dass das Blut in Venen immer auf das Herz zu fließt und (hier durch Buchstaben markierte) Klappen verhindern, dass es wieder zurückläuft.

BLUTGEFÄSSE DES BEINS
Dieses Modell des linken Beins zeigt, wie sich die Blutgefäße des Kreislaufsystems in immer kleinere Äste verzweigen. So z. B. leitet die große äußere Beckenvene sauerstoffreiches Blut vom Herzen zum Bein. Hier verzweigt sie sich immer weiter bis in die mikroskopisch kleinen Kapillaren, welche die Zellen mit Sauerstoff und Nährstoffen versorgen und Abfallstoffe entfernen. Anschließend vereinigen sich die Kapillaren wieder zu immer größeren Gefäßen. Die äußere Beckenvene ist das Hauptgefäß, das das sauerstoffarme Blut aus dem Bein zurück zum Herzen leitet.

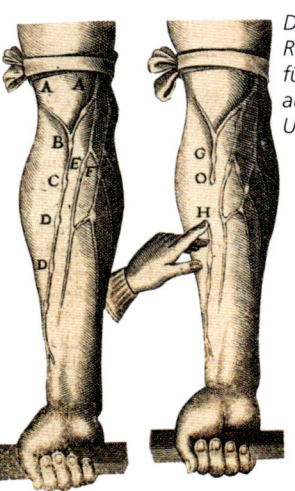

Die kleine Rosenvene führt Blut aus Fuß und Unterschenkel.

Die kleinen hinteren Schienbeinarterien versorgen Unterschenkel und Fuß mit Blut.

GEFÄSSUNTERSUCHER
Der gebürtige Schweizer Albrecht von Haller (1708–1777) war Botaniker, Anatom und Dichter und schrieb ein Buch zur Physiologie. Er untersuchte, wie sich die Muskelschichten in der Wand der kleineren Arterien zusammenziehen und entspannen, um die durchströmende Blutmenge zu beeinflussen.

BLUTGEFÄSSE

Eine Arterienwand besteht aus dicken Lagen von Muskulatur und elastischem Gewebe, damit sie dem hohen Druck des Bluts standhalten kann. Sie kann sich bei jedem Herzschlag ausdehnen und zusammenziehen. Venen leiten Blut aus den Kapillaren mit niedrigem Druck, daher sind ihre Wände dünner und nicht so muskulös. Kapillarwände sind nur eine Zelle dick, damit Nährstoffe und Sauerstoff in die Gewebe gelangen können.

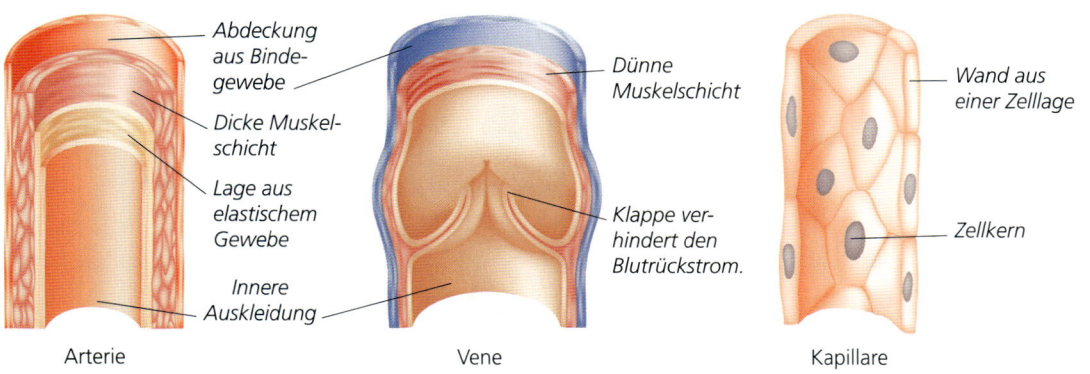

Abdeckung aus Bindegewebe

Dicke Muskelschicht

Lage aus elastischem Gewebe

Innere Auskleidung

Arterie

Dünne Muskelschicht

Klappe verhindert den Blutrückstrom.

Vene

Wand aus einer Zelllage

Zellkern

Kapillare

Infektionsabwehr

Täglich wird der Körper Krankheitserregern ausgesetzt, mikroskopisch kleinen Organismen wie Bakterien und Viren, die Krankheiten auslösen, wenn sie in die Gewebe und das Blut gelangen. Der Körper bekämpft Infektionen mit weißen Blutkörperchen im Blut- und Lymphsystem, die gemeinsam das Abwehr- oder Immunsystem bilden. Manche der weißen Blutkörperchen durchstreifen den Körper auf der Suche nach Eindringlingen, die sie zerstören. Andere, v. a. die in den Lymphknoten, greifen bestimmte Krankheitserreger an und merken sie sich, falls dieselbe Sorte den Körper wieder befallen sollte.

ABWEHRSYSTEM

Fresszellen und Lymphozyten, weiße Blutkörperchen, die auch als B- und T-Zellen bezeichnet werden, erkennen und zerstören eingedrungene Krankheitserreger. Bei einem späteren erneuten Kontakt reagiert das Abwehrsystem noch schneller.

Fresszelle

Shigella-Bakterie

1 KRANKHEITSERREGER FANGEN
Fresszellen sind weiße Blutkörperchen, die in den Körpergeweben nach Krankheitserregern jagen. Dieser hat eine krankheitserregende Bakterie gefangen, eine Shigelle. Die Fresszelle umfließt die Bakterie, um sie zu verschlucken und dann zu verdauen.

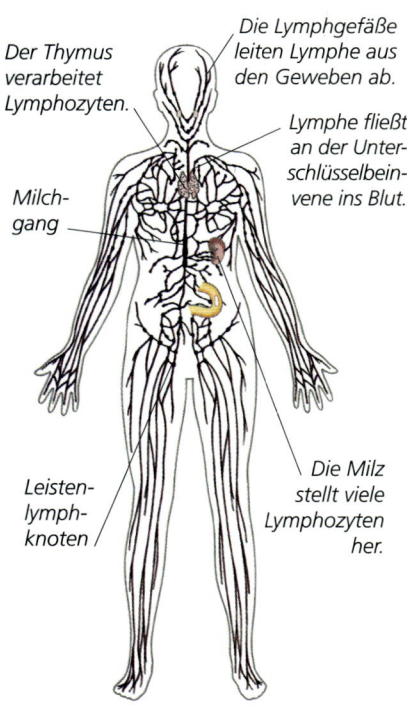

Der Thymus verarbeitet Lymphozyten.

Die Lymphgefäße leiten Lymphe aus den Geweben ab.

Lymphe fließt an der Unterschlüsselbeinvene ins Blut.

Milchgang

Leistenlymphknoten

Die Milz stellt viele Lymphozyten her.

2 ANTIGENE ERKENNEN
Die Fresszelle zeigt die Antigene oder Überreste der Bakterie auf seiner Oberfläche. Dort werden sie von Lymphozyten erkannt, den T-Helferzellen, die dadurch aktiviert werden.

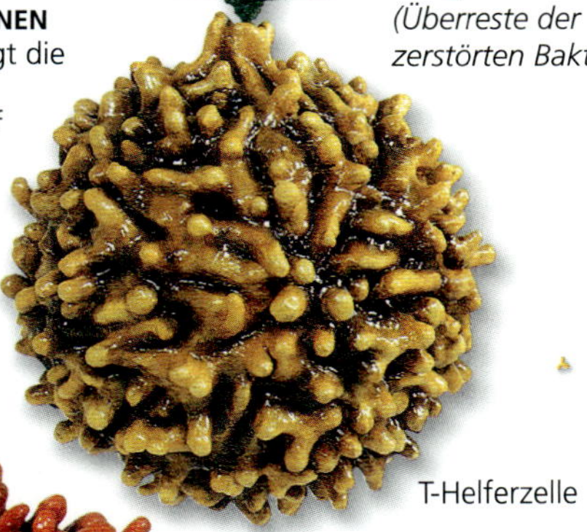

Antigene (Überreste der zerstörten Bakterie)

Antikörper besetzen die Bakterie.

5 KRANKHEITSERREGER AUSSCHALTEN
Die Antikörper markieren die Shigelle, indem sie an die Antigene auf ihrer Oberfläche binden. Dadurch wird sie inaktiviert und für Fresszellen oder andere weiße Blutkörperchen zur Zerstörung markiert.

T-Helferzelle

Antikörper

B-Zelle

Plasmazelle

LYMPHSYSTEM

Dieses Gefäßnetz leitet überschüssige Gewebeflüssigkeit zurück in den Blutkreislauf. Das Lymphsystem besitzt keine Pumpe. Die Flüssigkeit, die Lymphe, wird durch die Kontraktionen der Skelettmuskeln befördert. Dabei fließt die Lymphe durch kleine Schwellungen, die Lymphknoten. Diese enthalten Unmengen weißer Blutkörperchen, Fresszellen und Lymphozyten, die Krankheitserreger zerstören.

3 AKTIVATIONSSCHUB
Die aktivierte T-Helferzelle setzt Substanzen frei, die eine B-Zelle anschalten, die gezielt Shigellen bekämpft. Die B-Zelle vermehrt sich durch rasche Teilung in identische Plasmazellen.

4 ANTIKÖRPERHERSTELLUNG
Plasmazellen setzen Milliarden Antikörpermoleküle in Blut und Lymphe frei. Die Antikörper entdecken alle Shigellen im Körper.

Das Blut

ERNÄHRUNG VON BLUT
Egel und Vampirfledermäuse ernähren sich vom Blut anderer Tiere. Diese Szene aus dem Film *Nosferatu* von 1978 zeigt einen menschlichen Vampir, ein Fabelwesen, das sich von Blut ernährt, um unsterblich zu sein. Dieser Aberglaube findet sich weltweit in alten Volkslegenden.

BLUTTRANSFUSIONEN
Diese Zeichnung aus dem 17. Jh. zeigt die Transfusion (Übertragung) von Blut von einem Spender – meistens einem gesunden Menschen, hier aber einem Hund – auf einen Patienten. Vor der Entdeckung der Blutgruppen im 20. Jh. (siehe gegenüber) starben viele Patienten an Transfusionen.

Rote Blutkörperchen haben keinen Kern und ähneln eingedellten Scheiben.

Bei einem durchschnittlichen Erwachsenen fließen 5 Liter rotes, flüssiges Gewebe durch den Körper, das vom Herzen durch die Blutgefäße gepumpt wird. Blut besteht aus verschiedenen Zelltypen, die in Plasma schwimmen. So enthält ein einziger Tropfen Blut schon 250 Millionen rote Blutkörperchen. Diese schwimmen durch die Körpergewebe und versorgen 24 Stunden täglich Billionen von Zellen mit dem lebensnotwendigen Sauerstoff. Außerdem verteilt Blut Wärme, damit der Körper seine Temperatur von 37 °C halten kann, die ideale innere Temperatur für die Zellfunktionen. Für verletzte, leckende Blutgefäße hat das Blut sein eigenes Reparatursystem, um gefährliche Blutverluste zu verhindern. Und Blut enthält ganze Armeen von Abwehrzellen, die Infektionen abwehren und den Körper vor Krankheiten schützen.

ROTE UND WEISSE BLUTKÖRPERCHEN
Jede Blutzelle spielt eine wichtige Rolle im Körper. Die bei Weitem größte Gruppe, die roten Blutkörperchen, versorgt die Körperzellen mit Sauerstoff. Die weißen Blutkörperchen, wie Neutrophile und Lymphozyten, sind am Schutz des Körpers vor Krankheitserregern beteiligt. Neutrophile wandern zu den Infektionsorten, jagen Krankheitserreger, z. B. Bakterien, und fressen sie. Lymphozyten bilden einen Teil des Abwehrsystems (S. 45), der gezielt bestimmte Krankheitserreger zerstört. Blutplättchen helfen durch Gerinnselbildung bei der Versiegelung von Wunden.

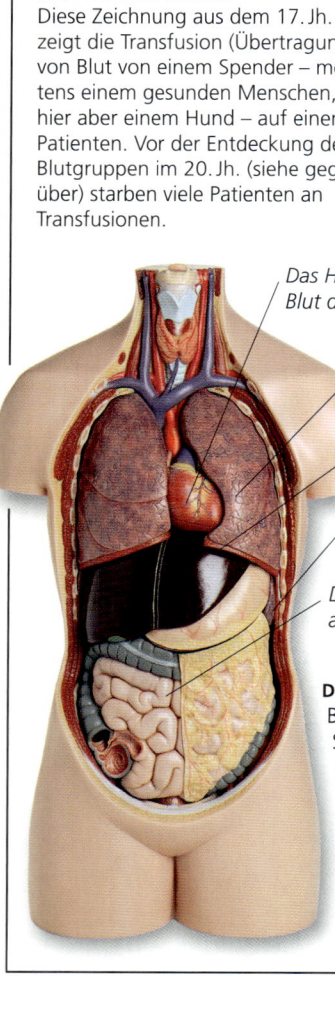

Das Herz pumpt Blut durch den Körper.

Die Lunge reichert das Blut mit Sauerstoff an und entfernt Kohlendioxid.

Die Leber kontrolliert die Konzentration vieler chemischer Stoffe im Blut.

Milz: Entfernt alte rote Blutkörperchen und hilft beim Eisen-Recycling.

Der Darm gibt verdaute Nährstoffe aus der Nahrung ins Blut ab.

DIE AUFGABEN DES BLUTS
Blut hat v. a. drei Aufgaben: Transport, Schutz und Steuerung. Erstens transportiert es Substanzen, wie Sauerstoff, Nährstoffe und Abfallprodukte von den Zellen. Zweitens schützt es den Körper durch seine abwehrenden weißen Blutkörperchen und die gerinnselbildenden Blutplättchen. Und drittens steuert es die Körpertemperatur, indem es die von Leber, Muskeln und anderen Organen hergestellte Wärme im Körper verteilt.

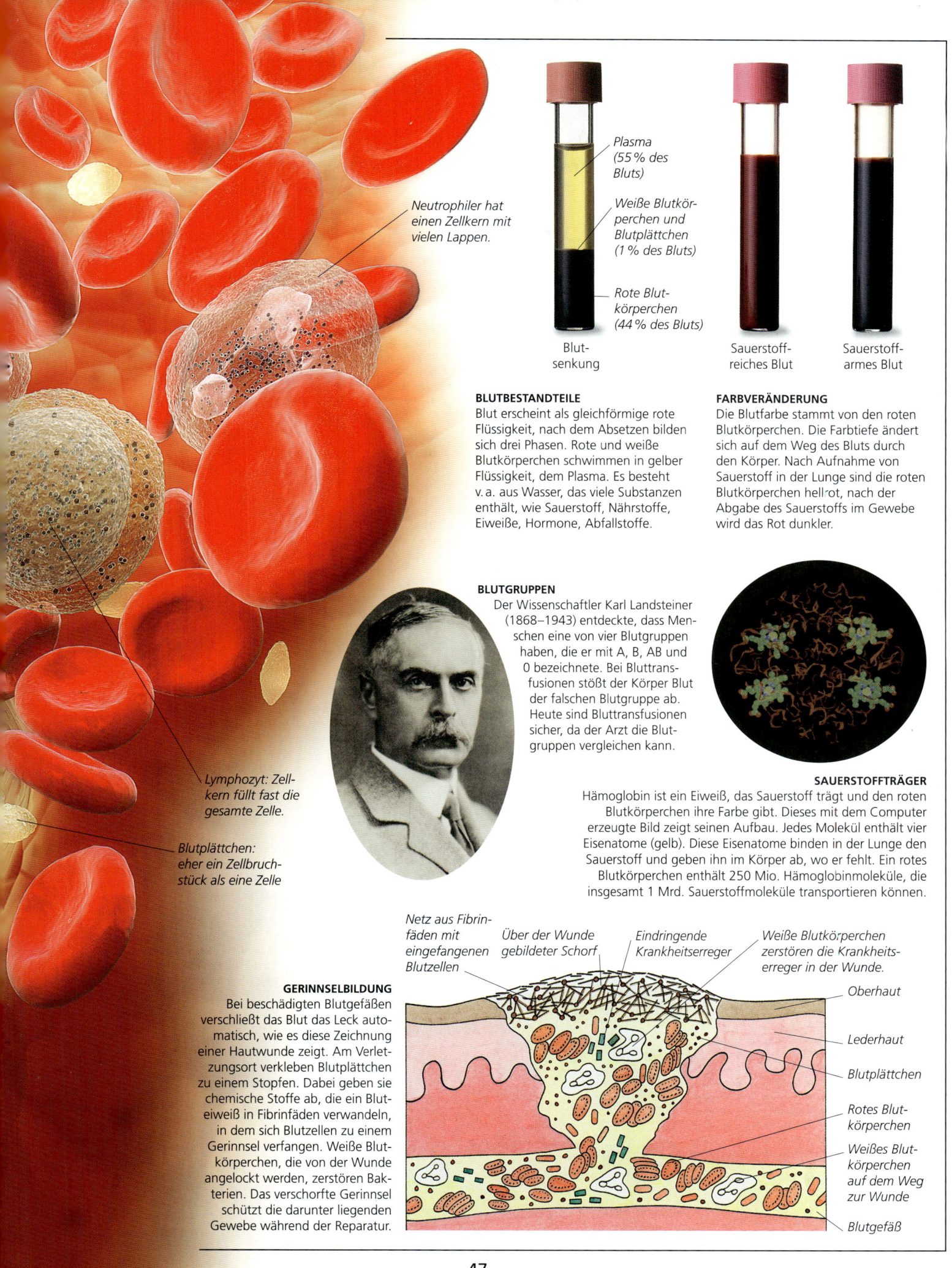

Neutrophiler hat einen Zellkern mit vielen Lappen.

Plasma (55 % des Bluts)

Weiße Blutkörperchen und Blutplättchen (1 % des Bluts)

Rote Blutkörperchen (44 % des Bluts)

Blutsenkung

Sauerstoffreiches Blut

Sauerstoffarmes Blut

BLUTBESTANDTEILE
Blut erscheint als gleichförmige rote Flüssigkeit, nach dem Absetzen bilden sich drei Phasen. Rote und weiße Blutkörperchen schwimmen in gelber Flüssigkeit, dem Plasma. Es besteht v. a. aus Wasser, das viele Substanzen enthält, wie Sauerstoff, Nährstoffe, Eiweiße, Hormone, Abfallstoffe.

FARBVERÄNDERUNG
Die Blutfarbe stammt von den roten Blutkörperchen. Die Farbtiefe ändert sich auf dem Weg des Bluts durch den Körper. Nach Aufnahme von Sauerstoff in der Lunge sind die roten Blutkörperchen hellrot, nach der Abgabe des Sauerstoffs im Gewebe wird das Rot dunkler.

BLUTGRUPPEN
Der Wissenschaftler Karl Landsteiner (1868–1943) entdeckte, dass Menschen eine von vier Blutgruppen haben, die er mit A, B, AB und 0 bezeichnete. Bei Bluttransfusionen stößt der Körper Blut der falschen Blutgruppe ab. Heute sind Bluttransfusionen sicher, da der Arzt die Blutgruppen vergleichen kann.

Lymphozyt: Zellkern füllt fast die gesamte Zelle.

Blutplättchen: eher ein Zellbruchstück als eine Zelle

SAUERSTOFFTRÄGER
Hämoglobin ist ein Eiweiß, das Sauerstoff trägt und den roten Blutkörperchen ihre Farbe gibt. Dieses mit dem Computer erzeugte Bild zeigt seinen Aufbau. Jedes Molekül enthält vier Eisenatome (gelb). Diese Eisenatome binden in der Lunge den Sauerstoff und geben ihn im Körper ab, wo er fehlt. Ein rotes Blutkörperchen enthält 250 Mio. Hämoglobinmoleküle, die insgesamt 1 Mrd. Sauerstoffmoleküle transportieren können.

Netz aus Fibrinfäden mit eingefangenen Blutzellen

Über der Wunde gebildeter Schorf

Eindringende Krankheitserreger

Weiße Blutkörperchen zerstören die Krankheitserreger in der Wunde.

GERINNSELBILDUNG
Bei beschädigten Blutgefäßen verschließt das Blut das Leck automatisch, wie es diese Zeichnung einer Hautwunde zeigt. Am Verletzungsort verkleben Blutplättchen zu einem Stopfen. Dabei geben sie chemische Stoffe ab, die ein Bluteiweiß in Fibrinfäden verwandeln, in dem sich Blutzellen zu einem Gerinnsel verfangen. Weiße Blutkörperchen, die von der Wunde angelockt werden, zerstören Bakterien. Das verschorfte Gerinnsel schützt die darunter liegenden Gewebe während der Reparatur.

Oberhaut

Lederhaut

Blutplättchen

Rotes Blutkörperchen

Weißes Blutkörperchen auf dem Weg zur Wunde

Blutgefäß

Atmen, um zu leben

Der Körper kann einige Zeit ohne Nahrung und Wasser auskommen, stirbt aber schnell, wenn die Atmung versagt. Bei der Atmung wird kohlendioxidreiche Luft in der Lunge durch frische sauerstoffhaltige ersetzt. Das Atmungssystem gewinnt aus der Luft den Sauerstoff, den die Körperzellen zum Leben brauchen. Da Sauerstoff im Körper nicht gespeichert werden kann, muss ständig geatmet werden. Der Ablauf der Atmung wurde erstmals im 17. Jahrhundert von dem Arzt John Mayow erklärt. Er zeigte, wie die Brustmuskeln und das Zwerchfell die Lungenflügel entfalten, die wie ein Blasebalg Luft einsaugen.

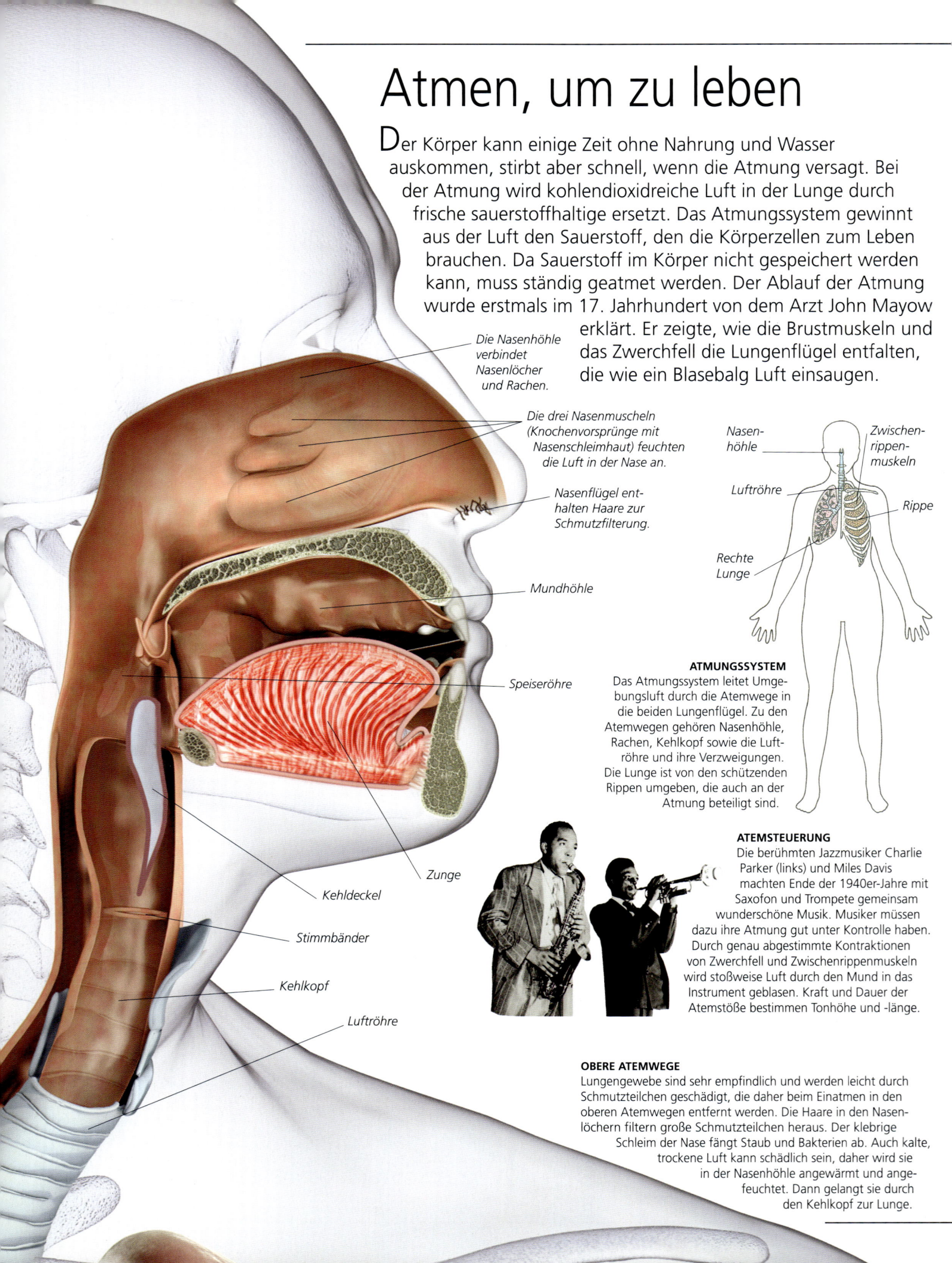

Die Nasenhöhle verbindet Nasenlöcher und Rachen.

Die drei Nasenmuscheln (Knochenvorsprünge mit Nasenschleimhaut) feuchten die Luft in der Nase an.

Nasenflügel enthalten Haare zur Schmutzfilterung.

Mundhöhle

Speiseröhre

Zunge

Kehldeckel

Stimmbänder

Kehlkopf

Luftröhre

Nasenhöhle

Zwischenrippenmuskeln

Luftröhre

Rippe

Rechte Lunge

ATMUNGSSYSTEM
Das Atmungssystem leitet Umgebungsluft durch die Atemwege in die beiden Lungenflügel. Zu den Atemwegen gehören Nasenhöhle, Rachen, Kehlkopf sowie die Luftröhre und ihre Verzweigungen. Die Lunge ist von den schützenden Rippen umgeben, die auch an der Atmung beteiligt sind.

ATEMSTEUERUNG
Die berühmten Jazzmusiker Charlie Parker (links) und Miles Davis machten Ende der 1940er-Jahre mit Saxofon und Trompete gemeinsam wunderschöne Musik. Musiker müssen dazu ihre Atmung gut unter Kontrolle haben. Durch genau abgestimmte Kontraktionen von Zwerchfell und Zwischenrippenmuskeln wird stoßweise Luft durch den Mund in das Instrument geblasen. Kraft und Dauer der Atemstöße bestimmen Tonhöhe und -länge.

OBERE ATEMWEGE
Lungengewebe sind sehr empfindlich und werden leicht durch Schmutzteilchen geschädigt, die daher beim Einatmen in den oberen Atemwegen entfernt werden. Die Haare in den Nasenlöchern filtern große Schmutzteilchen heraus. Der klebrige Schleim der Nase fängt Staub und Bakterien ab. Auch kalte, trockene Luft kann schädlich sein, daher wird sie in der Nasenhöhle angewärmt und angefeuchtet. Dann gelangt sie durch den Kehlkopf zur Lunge.

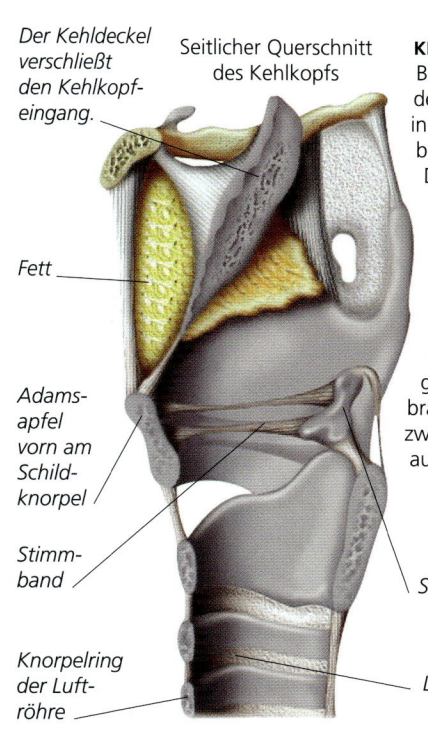

Der Kehldeckel verschließt den Kehlkopfeingang.

Seitlicher Querschnitt des Kehlkopfs

Fett

Adamsapfel vorn am Schildknorpel

Stimmband

Knorpelring der Luftröhre

Stellknorpel

Luftröhre

KEHLKOPF

Beim Atmen gelangt Luft aus dem Rachen durch den Kehlkopf in die Luftröhre. Der Kehlkopf besteht aus neun Knorpelteilen. Die Vorderseite eines dieser Knorpelteile, der Schildknorpel, ist als Adamsapfel zu tasten. Beim Schlucken wird der Kehlkopfeingang von einer Knorpelscheibe, dem Kehldeckel, verschlossen, damit keine Speisen in die Luftröhre gelangen. Die beiden membranbedeckten Stimmbänder sind zwischen Schild- und Stellknorpel aufgespannt und erzeugen Laute.

Luft wird in die Luftröhre gezogen.

Zwischenrippenmuskeln ziehen an den Rippen.

Rippenbewegung nach außen und oben

Das Zwerchfell kontrahiert und wird flach.

Die linke Lunge vergrößert sich.

EINATMEN

Die Lunge kann sich nicht eigenständig bewegen. Beim Einatmen kontrahieren Zwerchfell und Zwischenrippenmuskeln und erweitern den Brustraum. Die Lunge entfaltet sich im Sog des größeren Raums und zieht Luft in den Körper hinein.

Luft wird aus der Luftröhre getrieben.

Rippenbewegung nach innen und unten

Das Zwerchfell entspannt und nimmt Kuppelform an.

Die linke Lunge schrumpft.

AUSATMEN

Beim Ausatmen entspannen Zwerchfell und Zwischenrippenmuskeln. Der Brustkorb sackt herab und das Zwerchfell wird von den Bauchorganen wieder in Kuppelform gedrückt und der Brustraum verkleinert sich. Dadurch lässt der auf die Lunge wirkende Sog nach und sie kehrt in ihre Ausgangslage zurück.

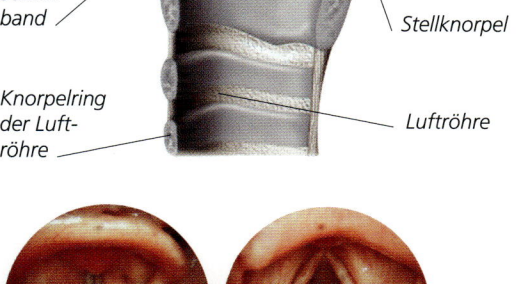
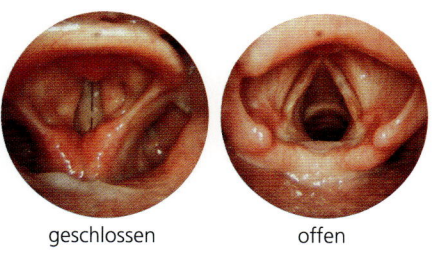
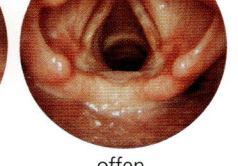

geschlossen

offen

STIMMBÄNDER

Dieser Blick von oben in den Kehlkopf zeigt die Stimmbänder. Wenn sie entspannt sind, stehen sie offen und lassen die Luft beim Atmen durch. Zur Lautbildung werden sie straffgezogen und kontrollierte Luftstöße von der Lunge durch sie hindurchgepresst, damit sie schwingen. Zunge und Lippen machen aus diesen Lauten erkennbare Wörter.

ATMEN UND BRENNEN

Der englische Arzt John Mayow (1640–1679) führte viele Untersuchungen zur Atmung durch. Er sperrte u. a. eine brennende Kerze und ein kleines Tier in ein versiegeltes Glas und zeigte, dass die Kerze erlischt und das Tier stirbt, wenn die Luft aufgebraucht ist. Daraus schloss er, dass Atmen und Brennen gleiche Gase verbraucht. Ein Jahrhundert später erhielt das Gas den Namen Sauerstoff.

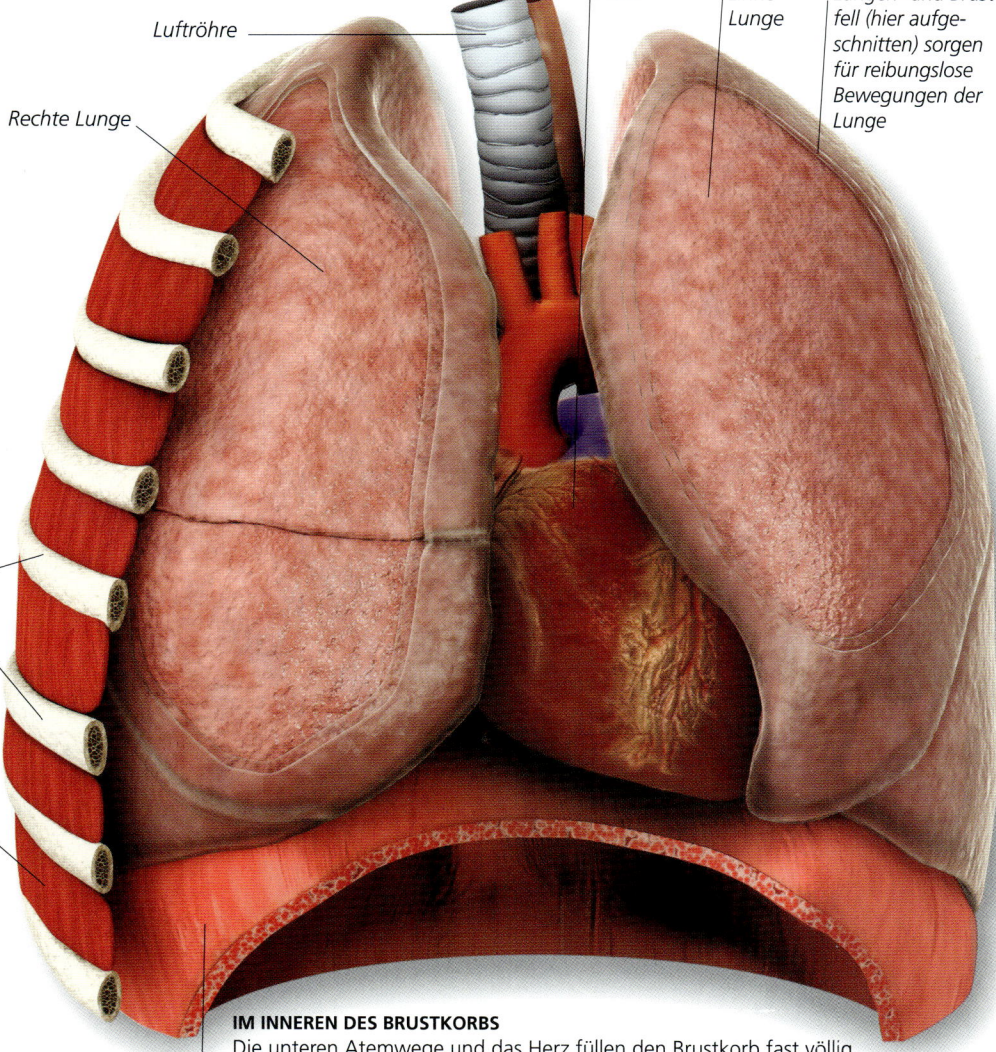

Luftröhre

Herz

Linke Lunge

Lungen- und Brustfell (hier aufgeschnitten) sorgen für reibungslose Bewegungen der Lunge

Rechte Lunge

Schützender Rippenkäfig um die Lunge

Zwischenrippenmuskeln

Zwerchfell: kuppelförmiger Muskel, der beim Einatmen die Lunge aufspannt

IM INNEREN DES BRUSTKORBS

Die unteren Atemwege und das Herz füllen den Brustkorb fast völlig. Rippen und Zwischenrippenmuskeln wurden hier weggeschnitten, sodass Lunge und Zwerchfell zu erkennen sind. Zwischenrippenmuskeln und Zwerchfell sorgen für die Atembewegungen. In Ruhe atmen wir etwa 15-mal pro Minute. Bei Bewegung nimmt der Sauerstoffbedarf zu und die Atemrate steigt auf bis zu 50-mal pro Minute.

In der Lunge

Die Lunge ist schwammig, weil sie Millionen mikroskopisch kleiner Luftsäckchen enthält, die Alveolen. Und sie ist rosa, weil jede Alveole in ein Netz winziger Blutgefäße gewickelt ist. Die Luft gelangt durch ein verzweigtes, von der Luftröhre ausgehendes Röhrensystem zu den Alveolen. Dort wird der Luftsauerstoff ins Blut übertragen, das ihn zu den Körperzellen bringt, wo er bei der sogenannten Zellatmung zur Energiegewinnung aus Nahrung beiträgt. Das Abfallprodukt Kohlendioxid, das in größeren Mengen giftig ist, gelangt mit dem Blut zu den Alveolen, wo es ausgeschieden wird. Der Austausch von Sauerstoff gegen Kohlendioxid in der Lunge wird als Gasaustausch bezeichnet. Zwei Wissenschaftler des 18. Jahrhunderts, Antoine Lavoisier und Lazzaro Spallanzani, waren Wegbereiter bei der Klärung dieser Vorgänge.

ÜBERALL ATMUNG
Der italienische Wissenschaftler Lazzaro Spallanzani (1729–1799) war Professor für Naturgeschichte in Pavia und Zeitgenosse von Lavoisier (siehe unten links). Beide hielten Atmen für einen dem Brennen ähnlichen Vorgang. Spallanzani vermutete, dass Atmung nicht nur in der Lunge, sondern in jeder Körperzelle stattfindet. Zudem entdeckte er, dass Blut die Körpergewebe mit Sauerstoff versorgt und Kohlendioxid abtransportiert.

SAUERSTOFF ERHÄLT SEINEN NAMEN
In den 1770er-Jahren zeigte der französische Chemiker Antoine Lavoisier (1743–1794), dass eine brennende Kerze einen Teil der Luft verbraucht, den er Sauerstoff nannte. Das Abfallgas bezeichnete er als „gebundene Luft" (Kohlendioxid). 1783 vermutete Lavoisier, dass Tiere in der Lunge Nahrung verbrennen und den Luftsauerstoff verbrauchen, was er als Atmung bezeichnete.

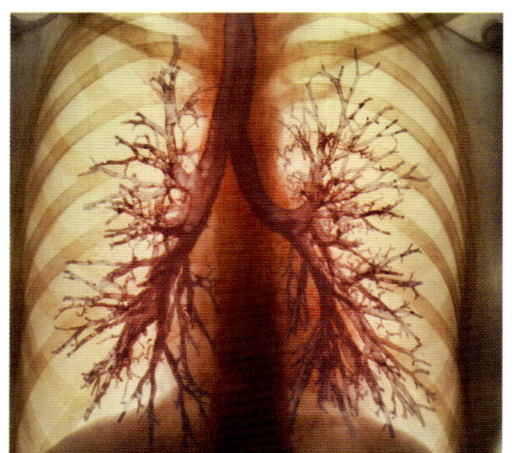

DER BRONCHIALBAUM
Dieses farbige Röntgenbild zeigt den Bronchialbaum, ein verzweigtes Röhrensystem, das Luft in die Lunge leitet. Die Luftröhre teilt sich in zwei Hauptbronchien, einen für jeden Lungenflügel. Diese teilen sich in immer kleinere Bronchien, dann Bronchiolen und schließlich Endbronchiolen, die dünner als ein Haar sind.

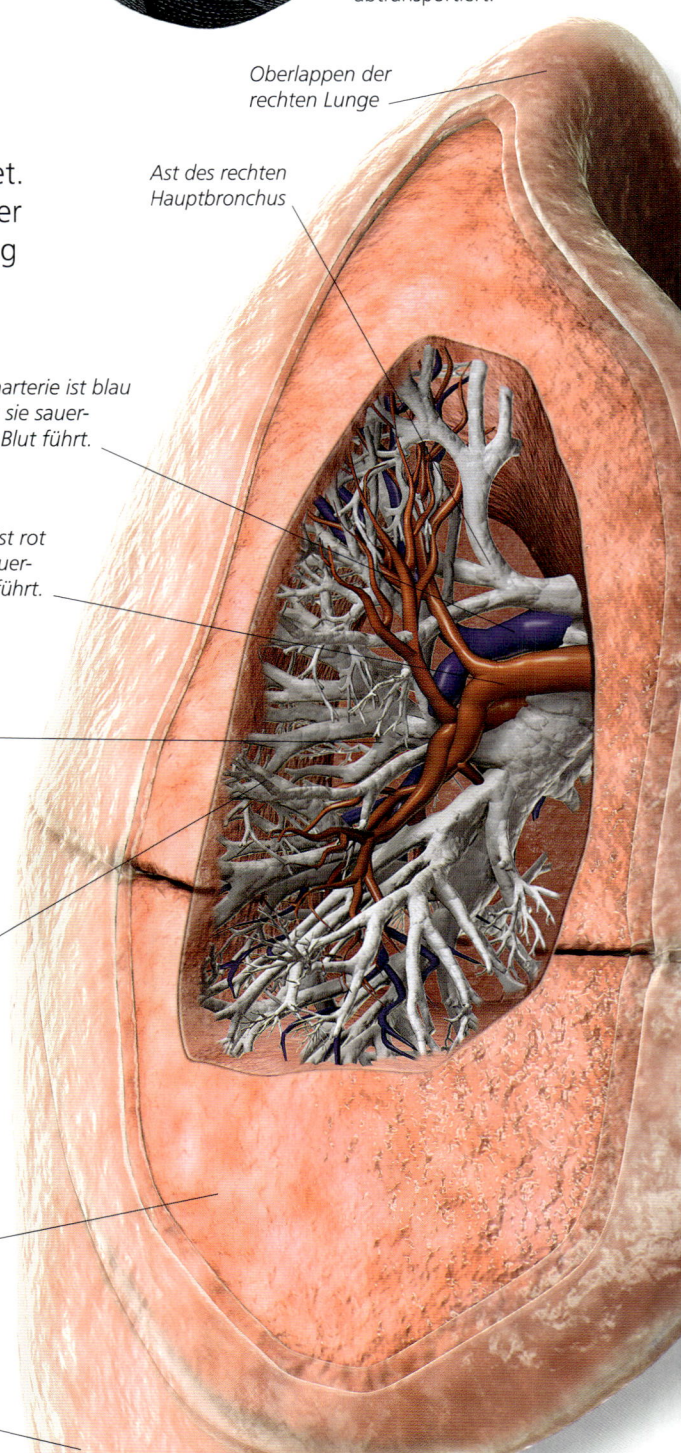

Oberlappen der rechten Lunge

Ast des rechten Hauptbronchus

Die Lungenarterie ist blau gefärbt, da sie sauerstoffarmes Blut führt.

Die Lungenvene ist rot gefärbt, da sie sauerstoffreiches Blut führt.

Kleiner Bronchus

Terminale (End-) Bronchiolen sind die kleinsten Bronchiolen.

Mittellappen der rechten Lunge

Unterlappen der rechten Lunge

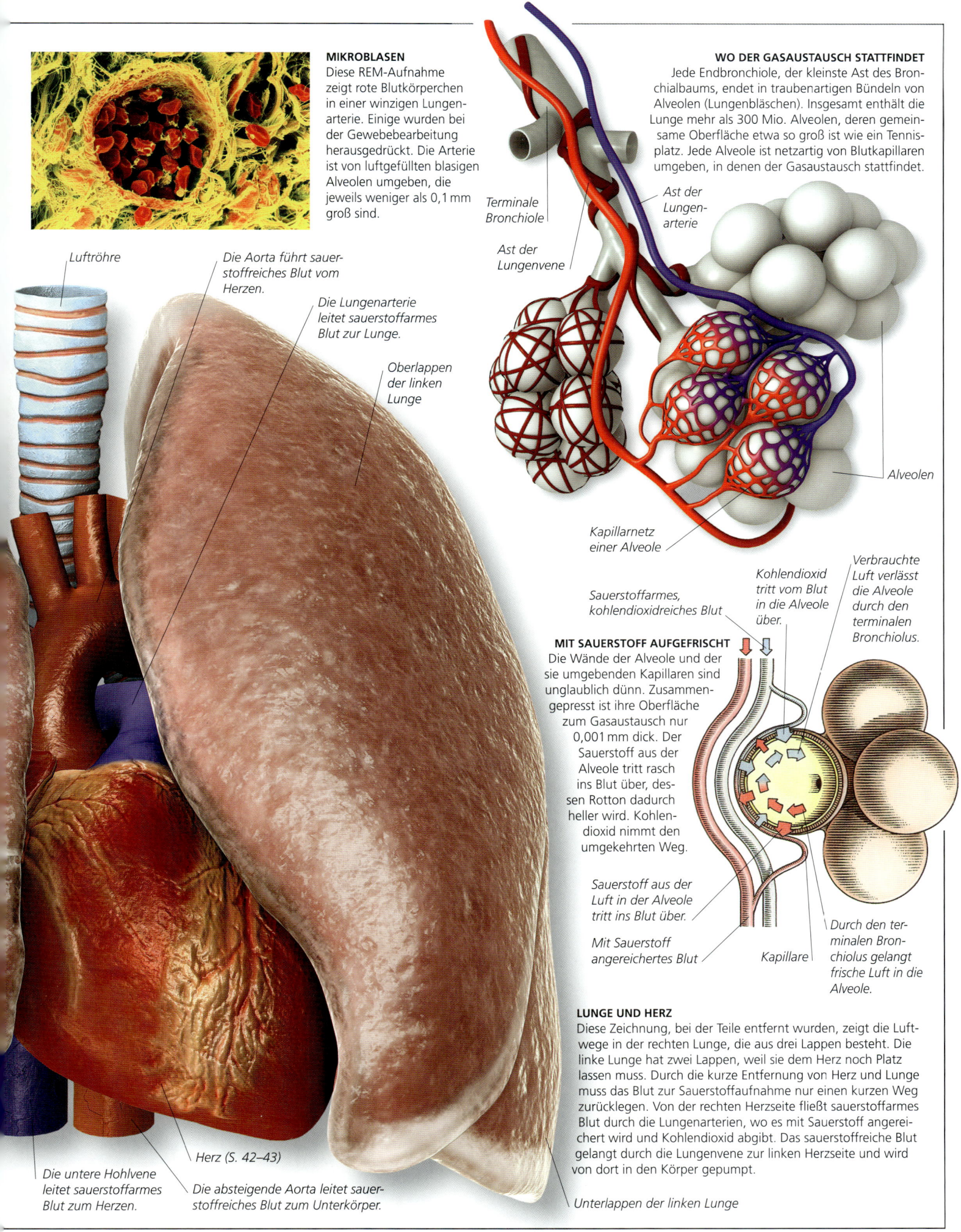

MIKROBLASEN
Diese REM-Aufnahme zeigt rote Blutkörperchen in einer winzigen Lungenarterie. Einige wurden bei der Gewebebearbeitung herausgedrückt. Die Arterie ist von luftgefüllten blasigen Alveolen umgeben, die jeweils weniger als 0,1 mm groß sind.

WO DER GASAUSTAUSCH STATTFINDET
Jede Endbronchiole, der kleinste Ast des Bronchialbaums, endet in traubenartigen Bündeln von Alveolen (Lungenbläschen). Insgesamt enthält die Lunge mehr als 300 Mio. Alveolen, deren gemeinsame Oberfläche etwa so groß ist wie ein Tennisplatz. Jede Alveole ist netzartig von Blutkapillaren umgeben, in denen der Gasaustausch stattfindet.

Luftröhre

Die Aorta führt sauerstoffreiches Blut vom Herzen.

Die Lungenarterie leitet sauerstoffarmes Blut zur Lunge.

Oberlappen der linken Lunge

Terminale Bronchiole

Ast der Lungenvene

Ast der Lungenarterie

Alveolen

Kapillarnetz einer Alveole

Sauerstoffarmes, kohlendioxidreiches Blut

Kohlendioxid tritt vom Blut in die Alveole über.

Verbrauchte Luft verlässt die Alveole durch den terminalen Bronchiolus.

MIT SAUERSTOFF AUFGEFRISCHT
Die Wände der Alveole und der sie umgebenden Kapillaren sind unglaublich dünn. Zusammengepresst ist ihre Oberfläche zum Gasaustausch nur 0,001 mm dick. Der Sauerstoff aus der Alveole tritt rasch ins Blut über, dessen Rotton dadurch heller wird. Kohlendioxid nimmt den umgekehrten Weg.

Sauerstoff aus der Luft in der Alveole tritt ins Blut über.

Mit Sauerstoff angereichertes Blut

Kapillare

Durch den terminalen Bronchiolus gelangt frische Luft in die Alveole.

LUNGE UND HERZ
Diese Zeichnung, bei der Teile entfernt wurden, zeigt die Luftwege in der rechten Lunge, die aus drei Lappen besteht. Die linke Lunge hat zwei Lappen, weil sie dem Herz noch Platz lassen muss. Durch die kurze Entfernung von Herz und Lunge muss das Blut zur Sauerstoffaufnahme nur einen kurzen Weg zurücklegen. Von der rechten Herzseite fließt sauerstoffarmes Blut durch die Lungenarterien, wo es mit Sauerstoff angereichert wird und Kohlendioxid abgibt. Das sauerstoffreiche Blut gelangt durch die Lungenvene zur linken Herzseite und wird von dort in den Körper gepumpt.

Herz (S. 42–43)

Die untere Hohlvene leitet sauerstoffarmes Blut zum Herzen.

Die absteigende Aorta leitet sauerstoffreiches Blut zum Unterkörper.

Unterlappen der linken Lunge

Essen

Die Aufnahme von Nahrung ist lebensnotwendig. Sie liefert die Nährstoffe – Kohlenhydrate, Eiweiße, Fette und andere Substanzen –, die den Körper mit Energie versorgen und Bausteine für Wachstum und Reparatur liefern. Zur Nährstoffgewinnung muss die Nahrung im Verdauungssystem mechanisch und chemisch verarbeitet werden. Beim Kauen wird sie mechanisch zerkleinert, gleichzeitig beginnen bestimmte Substanzen des Speichels bereits im Mund mit der chemischen Verarbeitung. Diese chemischen Katalysatoren, Enzyme, bauen die komplexe Nahrung in einfache Substanzen ab, die der Körper verwenden kann. Nach dem Schlucken setzt die Nahrung ihre Verdauungs-reise durch den Körper fort.

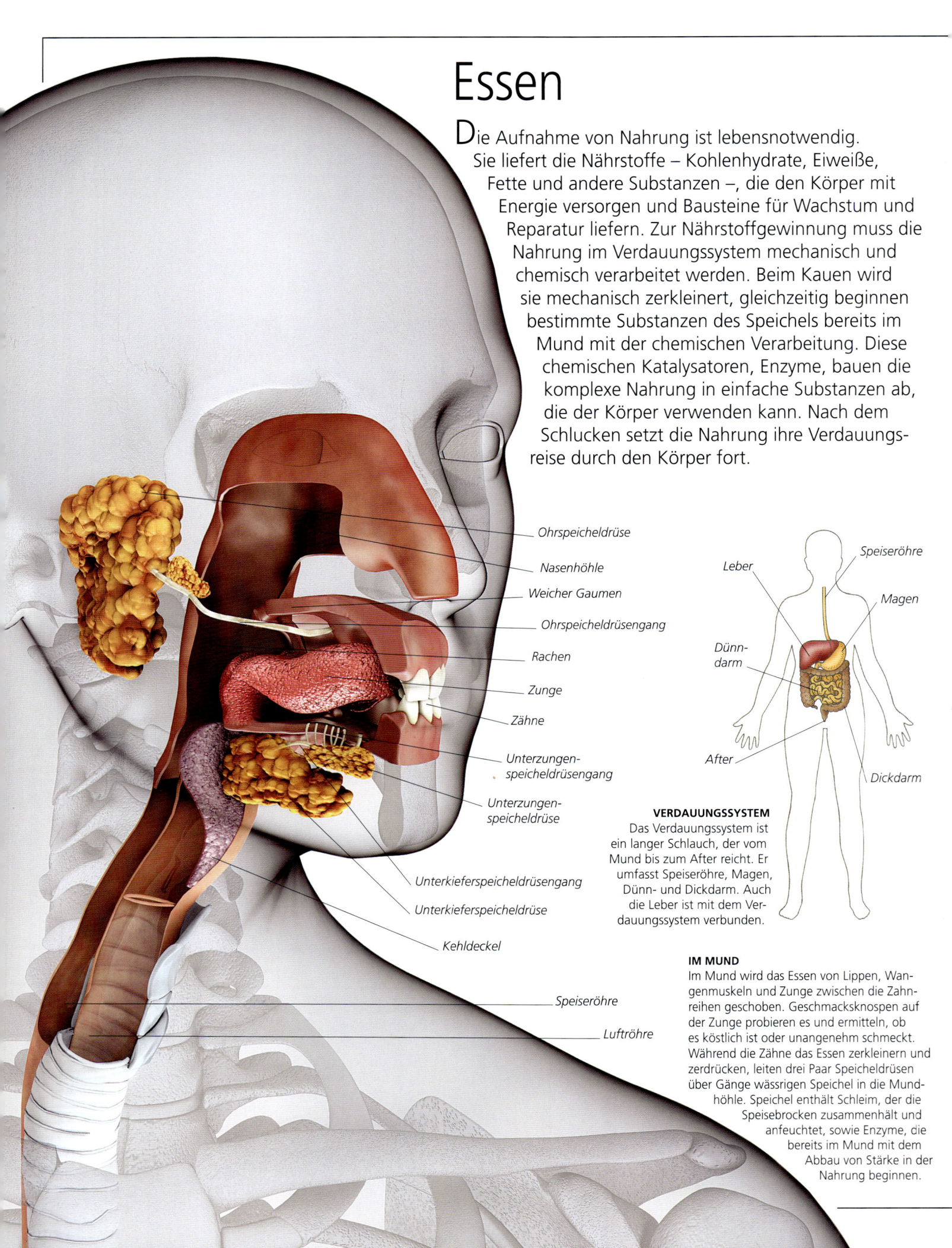

Ohrspeicheldrüse

Nasenhöhle

Weicher Gaumen

Ohrspeicheldrüsengang

Rachen

Zunge

Zähne

Unterzungen-speicheldrüsengang

Unterzungen-speicheldrüse

Unterkieferspeicheldrüsengang

Unterkieferspeicheldrüse

Kehldeckel

Speiseröhre

Luftröhre

Leber

Speiseröhre

Magen

Dünn-darm

After

Dickdarm

VERDAUUNGSSYSTEM
Das Verdauungssystem ist ein langer Schlauch, der vom Mund bis zum After reicht. Er umfasst Speiseröhre, Magen, Dünn- und Dickdarm. Auch die Leber ist mit dem Ver-dauungssystem verbunden.

IM MUND
Im Mund wird das Essen von Lippen, Wan-genmuskeln und Zunge zwischen die Zahn-reihen geschoben. Geschmacksknospen auf der Zunge probieren es und ermitteln, ob es köstlich ist oder unangenehm schmeckt. Während die Zähne das Essen zerkleinern und zerdrücken, leiten drei Paar Speicheldrüsen über Gänge wässrigen Speichel in die Mund-höhle. Speichel enthält Schleim, der die Speisebrocken zusammenhält und anfeuchtet, sowie Enzyme, die bereits im Mund mit dem Abbau von Stärke in der Nahrung beginnen.

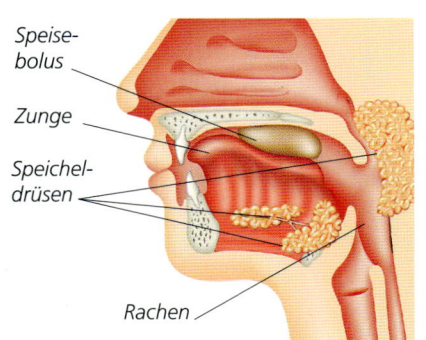

Speise-
bolus

Zunge

Speichel-
drüsen

Rachen

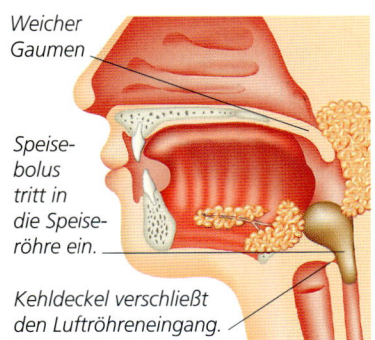

Weicher
Gaumen

Speise-
bolus
tritt in
die Speise-
röhre ein.

Kehldeckel verschließt
den Luftröhreneingang.

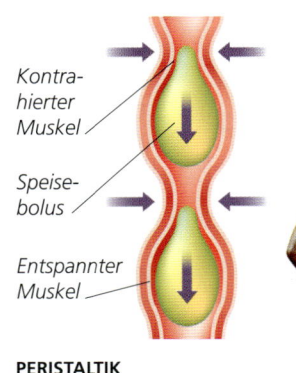

Kontra-
hierter
Muskel

Speise-
bolus

Entspannter
Muskel

MIT VOLLEM MUND KAUEN

Beim Kauen zerkleinern und zerdrücken
die Zähne die Nahrung in kleine Teile. Die
Zunge mischt die Nahrung mit dem kle-
brigen Speichel zu einem festen, glitschi-
gen Speisebolus oder -ball. Diesen drückt
die Zunge an das Mundhöhlendach und
schiebt ihn nach hinten in den Rachen.

SCHLUCKEN

Wenn die Zunge die Nahrung in den
Rachen schiebt, wird ein Reflex ausgelöst. Die Muskeln in der Rachenwand
ziehen sich zusammen und schieben
den Speisebolus in die Speiseröhre. Der
weiche Gaumen hebt sich, damit keine
Nahrung in die Nasenhöhle gelangt.

PERISTALTIK

Wellenförmige Muskel-
kontraktionen, die Peristaltik,
schieben den befeuchteten
Speisebolus die Speiseröhre
hinab in den Magen. Auch
im Darm wird er durch
Peristaltik vorangeschoben.

AUSGEWOGENE ERNÄHRUNG

Nahrung enthält sechs Hauptnähr-
stoffe: Kohlenhydrate (Stärke, Zucker)
und Fette liefern Energie. Eiweiß
bauen den Körper auf. Vitamine und
Mineralstoffe sind für die Zellfunktionen wichtig und die voluminösen
Fasern erleichtern den Darmmuskeln
die Arbeit. Eine ausgewogene Ernährung enthält all diese Nährstoffe im
richtigen Verhältnis. Diese Mahlzeit
umfasst stärkehaltigen Reis, eiweiß-
und fettreichen Fisch sowie Gemüse
mit Vitaminen und Mineralstoffen.

ENERGIEABGABE

Die britische Sportlerin Christina
Ohuruogo gewann 2008 eine Gold-
medaille bei den Olympischen Spielen.
Wie für jede Körperaktivität ist zum
Laufen Energie erforderlich, die aus
der Nahrung stammt. Bei der Verdauung wird Stärke in Zucker und Fett
in Fettsäuren umgewandelt. Diese
Brennstoffe werden in den Muskelzellen abgebaut und liefern Energie.

Zähne

Im Lauf des Lebens haben wir zwei Sätze Zähne, welche die Nahrung
im Mund zerkleinern, damit sie leichter geschluckt und verdaut werden
kann. Die Milchzähne werden während der Kindheit durch die größeren
bleibenden Zähne ersetzt. Es gibt vier Sorten bleibender Zähne: meißel-
artige Schneidezähne, die vorn schneiden und
schnetzeln, spitze Eckzähne, die halten und
reißen, sowie flache Prämolaren und Molaren,
die hinten mahlen und quetschen.

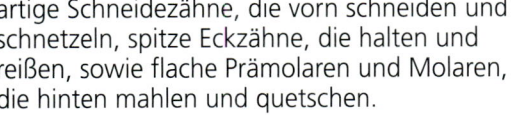

Die Wurzel verankert den
Zahn im Kieferknochen.

Der bleibende
Zahn schiebt
den Milchzahn
heraus, wenn
er durchbricht.

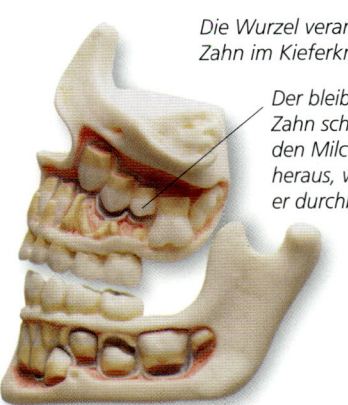

Oberer dritter
Molar (Weis-
heitszahn)

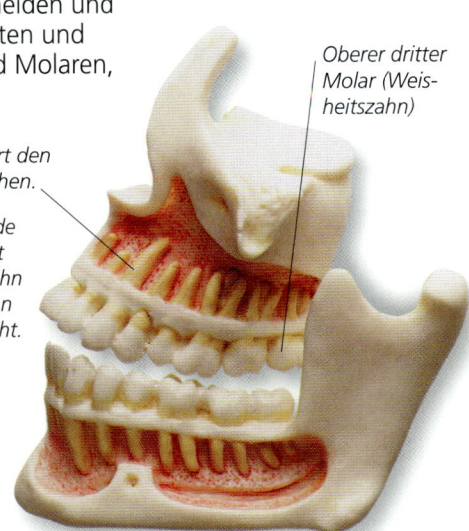

Schmelz: das harte Ober-
flächenmaterial des Zahns

Das Dentin stützt
den Schmelz.

Mark: Weichgewebe
in der zentralen Höhle

Krone

Das Zahnfleisch
bildet einen
engen Kragen
unter der Krone.

Wurzel

Die Zement-
schicht sichert
die Zahnwurzel.

Kieferknochen

Blutgefäße
und Nerven
versorgen
das lebende
Zahnmark.

5-JAHRES-ZÄHNE

Die 20 Milchzähne brechen ab einem
Alter von sechs Monaten durch. Ab
etwa sechs Jahren werden sie nach und
nach durch bleibende Zähne ersetzt.

BLEIBENDES GEBISS

Bei Erwachsenen sind alle 32 bleibenden Zähne
durchgebrochen. Jede Kieferhälfte hat zwei Schneidezähne, einen Eckzahn, zwei Prämolaren und drei
Molaren. Manche haben keine Weisheitszähne.

IM INNEREN EINES ZAHNS

Dieser Querschnitt eines Zahns zeigt sein Gerüst aus
knochenartigem Dentin. Es bildet die Zahnwurzel, die in
den Kieferknochen zementiert ist, und stützt die steinharte
Zahnkrone aus nicht lebendem Schmelz. Die zentrale
Höhle enthält lebende Zahnpulpa und Blutgefäße, die sie
ernähren, sowie Nervenenden, die durch Druckwahrneh-
mung beim Beißen und Kauen helfen.

Verdauung

Nach dem Schlucken dauert es 10 Sekunden, bis die zerkauten Nahrungsklumpen im Magen ankommen. Dort beginnt die eigentliche Verdauung, bei der die Nahrung in Nährstoffe zerlegt wird, die von den Körperzellen verwendet werden können. Zunächst baut der Magen die Nahrung mit Enzymen (chemischen Katalysatoren) weiter ab und verwandelt sie in flüssigen Speisebrei, den er langsam in den Dünndarm abgibt. Hier wird der Speisebrei durch Galle (eine Flüssigkeit aus der Leber) und Bauchspeicheldrüsensaft weniger sauer, gleichzeitig zerlegen weitere Enzyme die Nahrung in ihre einfachsten Bestandteile: Traubenzucker, Aminosäuren und Fettsäuren, die in das Blut aufgenommen werden. Der Rest gelangt in den Dickdarm, der Wasser zurückgewinnt, um den Wassergehalt des Körpers sicherzustellen. Außerdem verdauen Billionen Bakterien, die im Dickdarm leben, Teile des Abfalls und versorgen den Körper mit weiteren Nährstoffen, wie Vitamin K.

DIE CHEMIEFABRIK DES KÖRPERS

Die Leber ist das größte innere Organ des Körpers. Sie besteht aus Zellen, den Hepatozyten, die mehr als 500 Aufgaben haben und die chemische Zusammensetzung des Bluts sicherstellen. Die Leber erhält sauerstoffreiches Blut vom Herzen und nährstoffreiches Blut aus dem Darm. Während das Blut an den Hepatozyten vorbeiströmt, werden die enthaltenen Nährstoffe entweder in den Blutkreislauf weitergeleitet oder zur weiteren Verwertung gespeichert. Weitere Leberfunktionen sind die Herstellung der Galle (siehe unten), die Blutentgiftung, die Zerstörung von Bakterien und die Wiederverwertung abgenutzter roter Blutkörperchen.

NAHRUNGSVERARBEITENDER MAGEN

Der Magen ist ein J-förmiger Sack, der sich ausdehnt, wenn er durch die Speiseröhre geschluckte Nahrung erhält. In den nächsten Stunden speichert und verarbeitet der Magen die Nahrung. Seine Muskelwände ziehen sich kraftvoll zusammen und durchmischen die Nahrung, während Magensaft und Enzyme die Eiweiße darin abbauen. Am Ende entsteht ein flüssiger Speisebrei, der langsam in den Dünndarm abgegeben wird.

DER DARM

Der Dünndarm ist etwa 6 m lang und hat drei Abschnitte. Der kurze Zwölffingerdarm übernimmt den Speisebrei aus dem Magen und Verdauungssäfte (Galle und Bauchspeichel aus Leber und Bauchspeicheldrüse). In Leer- und Krummdarm wird die Verdauung abgeschlossen und die Nährstoffe aufgenommen. Da die Dünndarmschleimhaut gefaltet und von winzigen, fingerartigen Villi bedeckt ist, besitzt sie eine große Fläche zur Nährstoffaufnahme ins Blut. Der Dickdarm ist mit 1,5 m kürzer und besteht aus Blinddarm, Grimmdarm und Enddarm. Er entzieht den wässrigen Abfällen aus dem Krummdarm das Wasser und formt daraus den Stuhl.

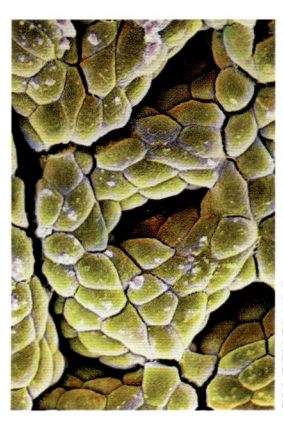

MAGENGRUBE

Diese REM-Aufnahme zeigt Magengruben in Vergrößerung. Die Magenschleimhaut ist mit Millionen winziger Löcher gesprenkelt, die zu den Magendrüsen führen. Diese geben Magensaft in den Magen ab, eine Mischung aus Salzsäure, Pepsinogen und Schleim. Dort verwandelt die Magensäure Pepsinogen zu Pepsin, einem Enzym, das die Nahrungseiweiße abbaut. Der Schleim bedeckt die Magenschleimhaut und verhindert, dass sie vom Magensaft verdaut wird.

Speiseröhre

Linker Leberlappen

Der Magen hat eine Muskelwand.

Der quer verlaufende Grimmdarm liegt auf dem Zwölffingerdarm, der Magen und Leerdarm verbindet.

Leerdarm: mittlerer Dünndarmteil.

Absteigender Grimmdarm

Rechter Leberlappen

Die Gallenblase speichert Galle.

Absteigender Grimmdarm

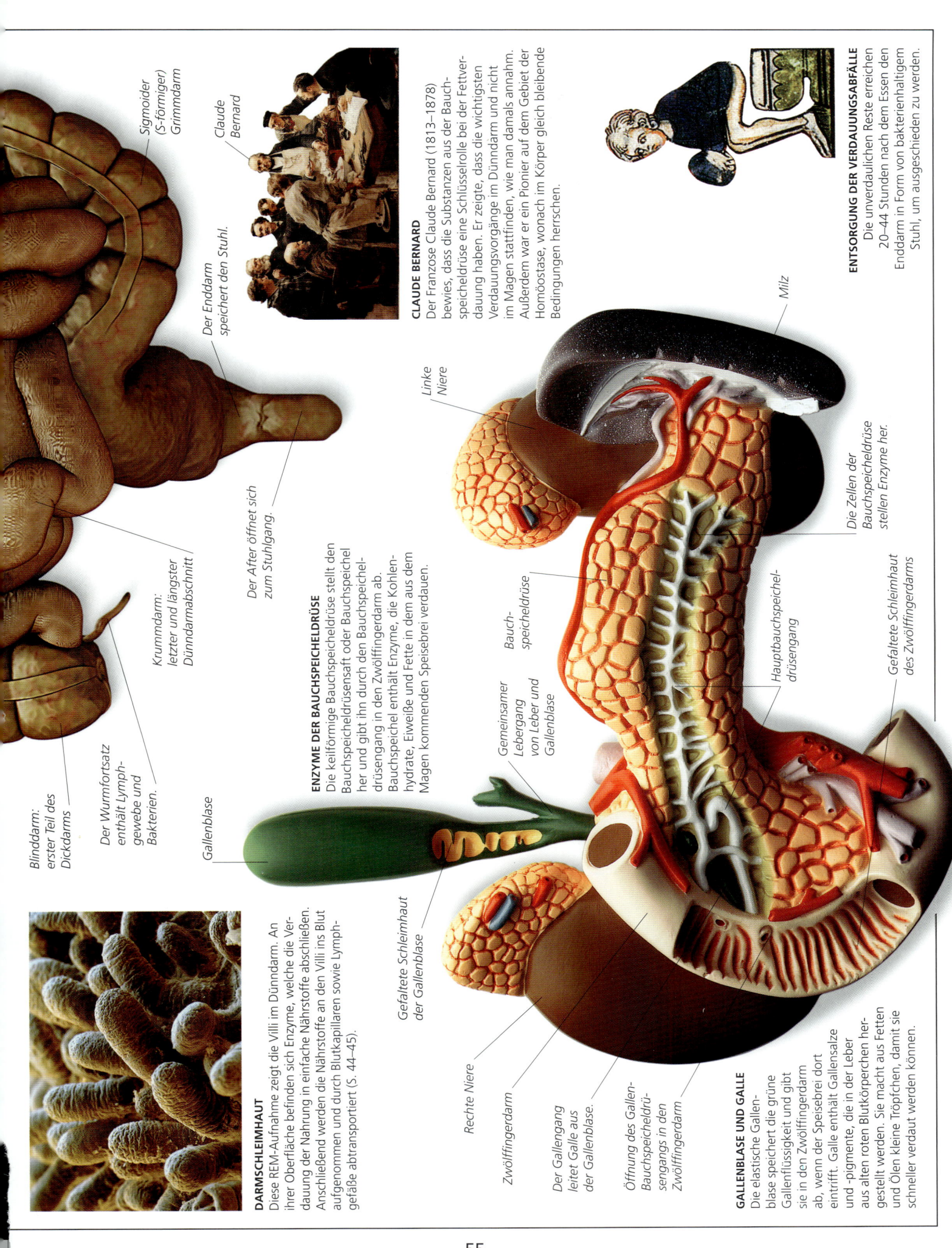

Sigmoider
(S-förmiger)
Grimmdarm

Claude
Bernard

Der Enddarm
speichert den Stuhl.

Der After öffnet sich
zum Stuhlgang.

Krummdarm:
letzter und längster
Dünndarmabschnitt

Blinddarm:
erster Teil des
Dickdarms

Der Wurmfortsatz
enthält Lymph-
gewebe und
Bakterien.

Gallenblase

Linke
Niere

Milz

Die Zellen der
Bauchspeicheldrüse
stellen Enzyme her.

Bauch-
speicheldrüse

Hauptbauchspeichel-
drüsengang

Gemeinsamer
Lebergang
von Leber und
Gallenblase

Gefaltete
Schleimhaut
des Zwölffingerdarms

Gefaltete Schleimhaut
der Gallenblase

Rechte Niere

Zwölffingerdarm

Der Gallengang
leitet Galle aus
der Gallenblase.

Öffnung des Gallen-
Bauchspeicheldrü-
sengangs in den
Zwölffingerdarm

DARMSCHLEIMHAUT
Diese REM-Aufnahme zeigt die Villi im Dünndarm. An
ihrer Oberfläche befinden sich Enzyme, welche die Verdauung der Nahrung in einfache Nährstoffe abschließen.
Anschließend werden die Nährstoffe an den Villi ins Blut
aufgenommen und durch Blutkapillaren sowie Lymphgefäße abtransportiert (S. 44–45).

ENZYME DER BAUCHSPEICHELDRÜSE
Die keilförmige Bauchspeicheldrüse stellt den
Bauchspeicheldrüsensaft oder Bauchspeichel
her und gibt ihn durch den Bauchspeichel-
drüsengang in den Zwölffingerdarm ab.
Bauchspeichel enthält Enzyme, die Kohlen-
hydrate, Eiweiße und Fette in dem aus dem
Magen kommenden Speisebrei verdauen.

GALLENBLASE UND GALLE
Die elastische Gallen-
blase speichert die grüne
Gallenflüssigkeit und gibt
sie in den Zwölffingerdarm
ab, wenn der Speisebrei dort
eintrifft. Galle enthält Gallensalze
und -pigmente, die in der Leber
aus alten Blutkörperchen hergestellt werden. Sie macht aus Fetten
und Ölen kleine Tröpfchen, damit sie
schneller verdaut werden können.

CLAUDE BERNARD
Der Franzose Claude Bernard (1813–1878)
bewies, dass die Substanzen aus der Bauch-
speicheldrüse eine Schlüsselrolle bei der Fettver-
dauung haben. Er zeigte, dass die wichtigsten
Verdauungsvorgänge im Dünndarm und nicht
im Magen stattfinden, wie man damals annahm.
Außerdem war er ein Pionier auf dem Gebiet der
Homöostase, wonach im Körper gleich bleibende
Bedingungen herrschen.

ENTSORGUNG DER VERDAUUNGSABFÄLLE
Die unverdaulichen Reste erreichen
20–44 Stunden nach dem Essen den
Enddarm in Form von bakterienhaltigem
Stuhl, um ausgeschieden zu werden.

Abfallentsorgung

Körperzellen geben ständig Abfallstoffe, wie den in der Leber gebildeten Harnstoff, ins Blut ab. Diese würden den Körper vergiften, wenn sie sich im Blut anreicherten. Das Nierensystem entsorgt Abfälle, indem es das Blut auf seinem Weg durch die beiden Nieren reinigt. Dabei wird auch überschüssiges Wasser entfernt, damit der Wassergehalt des Körpers gleich bleibt. In jeder Niere entfernen mikroskopisch kleine Filtereinheiten die Abfälle aus dem Blut und halten wertvolle Substanzen zurück, wie Nährstoffe und Mineralien. Die Abfälle werden mit Wasser zu Harn oder Urin kombiniert, der in zwei langen Schläuchen, den Harnleitern, zur Blase fließt. Dort wird der Urin gespeichert und verlässt sie beim Wasserlassen durch die Harnröhre.

BLASENKONTROLLE
Wenn die Blase eines Säuglings voll ist, wird sie durch Dehnungsrezeptoren in ihrer Muskelwand automatisch entleert. Kleine Kinder lernen allmählich, diesen Reflex zu steuern.

GIGANT IM ALTEN GRIECHENLAND
Der gelehrte griechische Philosoph Aristoteles (384–322 v. Chr.) gilt als Vater der Biologie. Aristoteles stellte die traditionelle anatomische Lehre seiner Zeit infrage, indem er die Körper von Menschen und Tieren öffnete und seine Beobachtungen festhielt. In seinen Büchern finden sich die ersten Beschreibungen des Nierensystems und seiner Funktionsweise.

KAPSELN UND SCHLEIFEN
William Bowman (1816–1892) war englischer Anatom, Histologe (Experte für Körpergewebe) und Chirurg. Er entdeckte 1842 die Kapsel, die seinen Namen trägt. Die U-förmige Henle-Schleife wurde 20 Jahre später von dem deutschen Anatomen Jakob Henle beschrieben (1809–1885).

William Bowman

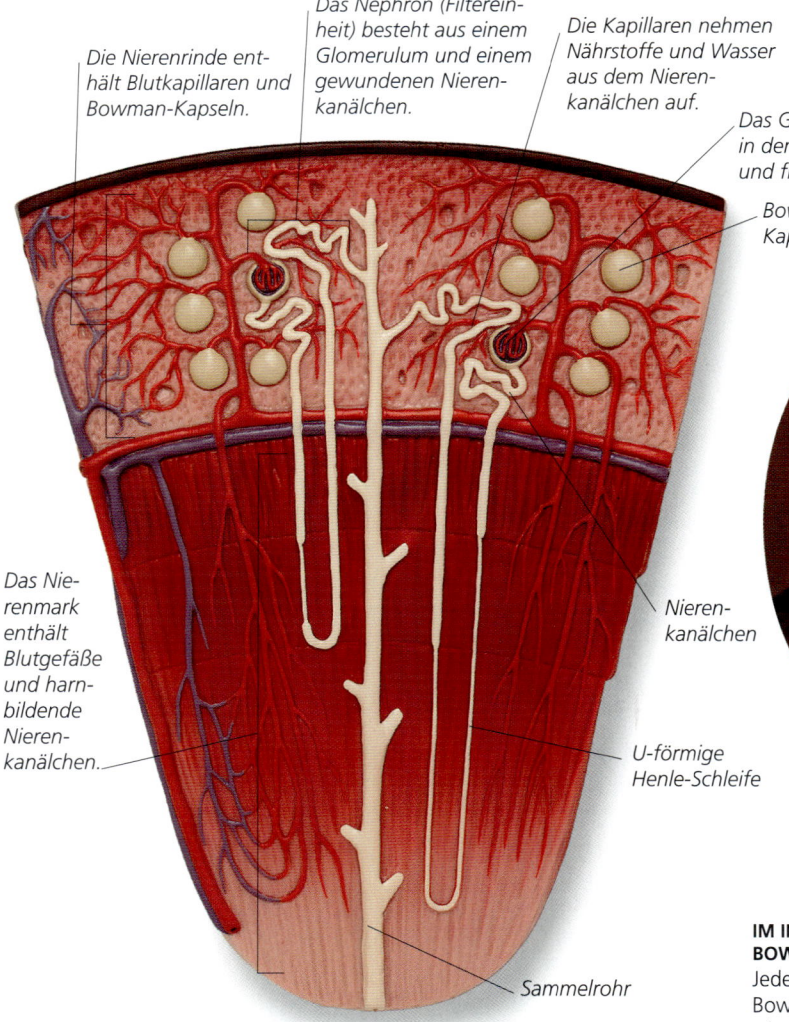

Die Nierenrinde enthält Blutkapillaren und Bowman-Kapseln.

Das Nephron (Filtereinheit) besteht aus einem Glomerulum und einem gewundenen Nierenkanälchen.

Die Kapillaren nehmen Nährstoffe und Wasser aus dem Nierenkanälchen auf.

Das Glomerulum liegt in der Bowman-Kapsel und filtert Blut.

Bowman-Kapsel

Das Nierenmark enthält Blutgefäße und harnbildende Nierenkanälchen.

Nierenkanälchen

U-förmige Henle-Schleife

Sammelrohr

Kleine Arterie, die ins Glomerulum eintritt

Kleine Arterie, die das Glomerulum verlässt

Sammelraum der gefilterten Flüssigkeit

Kapillare des Glomerulums

Beginn des Nierenkanälchens

FILTEREINHEIT
Die blutfilternde Einheit der Niere, das Nephron, besteht aus einem Glomerulum in einer Bowman-Kapsel, das mit einem langen Nierenkanälchen verbunden ist. Dieses zieht von der Nierenrinde ins Mark hinab und wieder hoch zur Rinde, wo es in das Sammelrohr mündet. Wenn die aus dem Blut gefilterte Flüssigkeit durch das Nephron fließt, werden nützliche Substanzen wieder ins Blut aufgenommen, sodass nur noch Abfälle und Wasser ins Sammelrohr fließen.

IM INNEREN EINER BOWMAN-KAPSEL
Jede schalenförmige Bowman-Kapsel umgibt ein Glomerulum. Die Kapillaren filtern das Blut. Die dabei entstehende Flüssigkeit wird in einem Raum der Kapsel gesammelt und enthält nicht nur Abfälle, sondern auch nützliche Substanzen wie Traubenzucker.

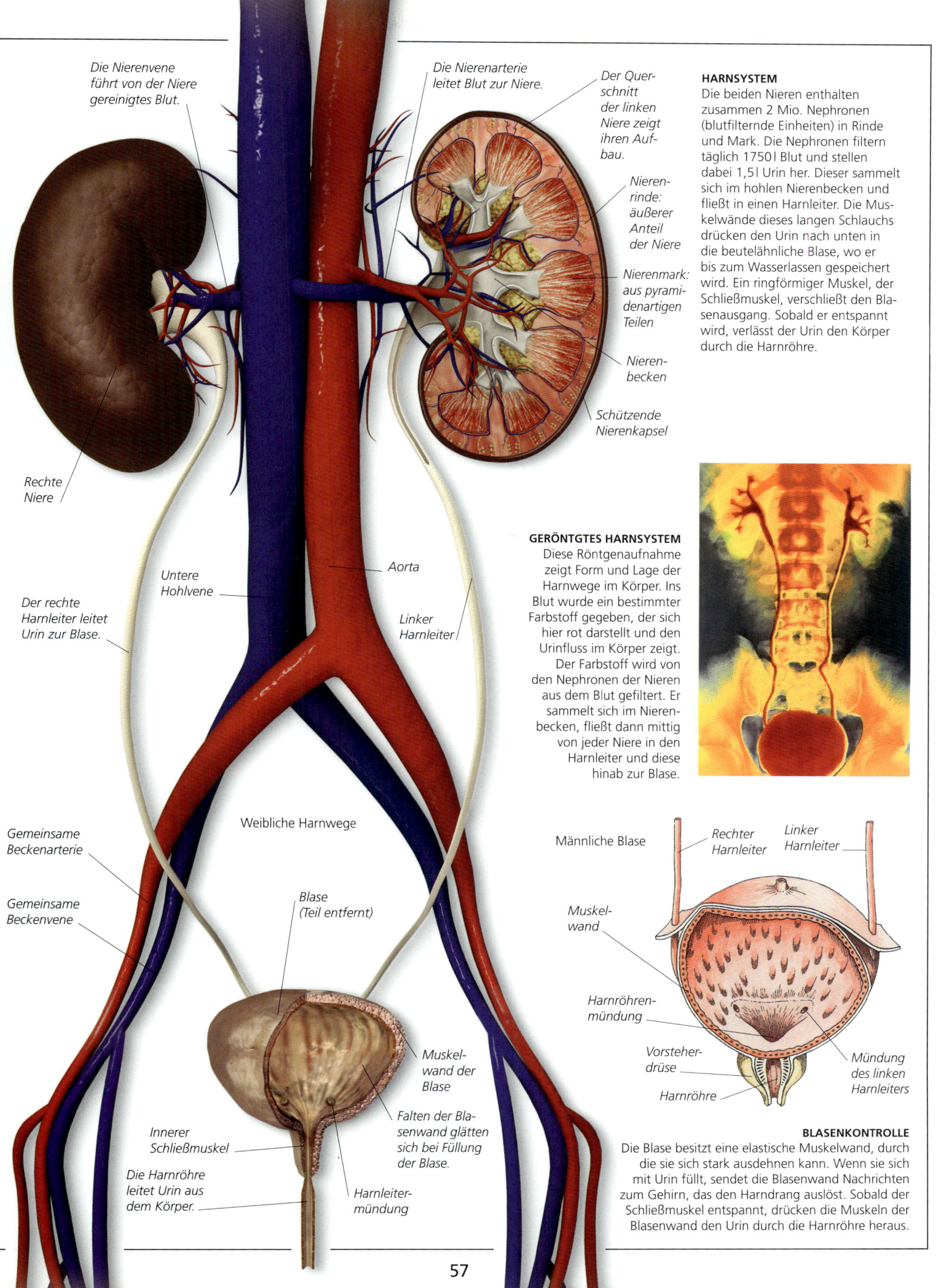

Die Nierenvene führt von der Niere gereinigtes Blut.

Die Nierenarterie leitet Blut zur Niere.

Der Querschnitt der linken Niere zeigt ihren Aufbau.

Nierenrinde: äußerer Anteil der Niere

Nierenmark: aus pyramidenartigen Teilen

Nierenbecken

Schützende Nierenkapsel

Rechte Niere

Untere Hohlvene

Aorta

Linker Harnleiter

Der rechte Harnleiter leitet Urin zur Blase.

Gemeinsame Beckenarterie

Gemeinsame Beckenvene

Weibliche Harnwege

Blase (Teil entfernt)

Muskelwand der Blase

Innerer Schließmuskel

Falten der Blasenwand glätten sich bei Füllung der Blase.

Die Harnröhre leitet Urin aus dem Körper.

Harnleitermündung

HARNSYSTEM
Die beiden Nieren enthalten zusammen 2 Mio. Nephronen (blutfilternde Einheiten) in Rinde und Mark. Die Nephronen filtern täglich 1750 l Blut und stellen dabei 1,5 l Urin her. Dieser sammelt sich im hohlen Nierenbecken und fließt in einen Harnleiter. Die Muskelwände dieses langen Schlauchs drücken den Urin nach unten in die beutelähnliche Blase, wo er bis zum Wasserlassen gespeichert wird. Ein ringförmiger Muskel, der Schließmuskel, verschließt den Blasenausgang. Sobald er entspannt wird, verlässt der Urin den Körper durch die Harnröhre.

GERÖNTGTES HARNSYSTEM
Diese Röntgenaufnahme zeigt Form und Lage der Harnwege im Körper. Ins Blut wurde ein bestimmter Farbstoff gegeben, der sich hier rot darstellt und den Urinfluss im Körper zeigt. Der Farbstoff wird von den Nephronen der Nieren aus dem Blut gefiltert. Er sammelt sich im Nierenbecken, fließt dann mittig von jeder Niere in den Harnleiter und diese hinab zur Blase.

Männliche Blase

Rechter Harnleiter

Linker Harnleiter

Muskelwand

Harnröhrenmündung

Vorsteherdrüse

Mündung des linken Harnleiters

Harnröhre

BLASENKONTROLLE
Die Blase besitzt eine elastische Muskelwand, durch die sie sich stark ausdehnen kann. Wenn sie sich mit Urin füllt, sendet die Blasenwand Nachrichten zum Gehirn, das den Harndrang auslöst. Sobald der Schließmuskel entspannt, drücken die Muskeln der Blasenwand den Urin durch die Harnröhre heraus.

Männlich und weiblich

Menschen haben eine begrenzte Lebenserwartung und vermehren sich, wie alle Lebewesen, um ihre Gene weiterzugeben und den Lebenszyklus fortzuführen. Männer und Frauen haben unterschiedliche Fortpflanzungsorgane. Zur Fortpflanzung sind beide Geschlechter erforderlich, Mann und Frau. Beide stellen Keimzellen her, die sich vereinigen müssen, damit ein neuer Mensch entsteht. Zu den männlichen Fortpflanzungsorganen gehören Penis und Hoden sowie die Röhren und Drüsen, die sie verbinden. Die Hoden stellen kaulquappenartige Keimzellen her, die Spermien. Die weiblichen Fortpflanzungsorgane sind Eierstöcke, Eileiter, Gebärmutter und Scheide. Die Eileiter stellen runde Keimzellen her, die Eizellen. Beim Geschlechtsverkehr zwischen Mann und Frau gelangen die Keimzellen zueinander. Sie enthalten jeweils die Hälfte der DNA (genetische Anweisungen), die sich bei der Befruchtung im Körper der Frau zu einem neuen Leben zusammensetzt. In der Gebärmutter entwickelt sich dann das entstandene Kind.

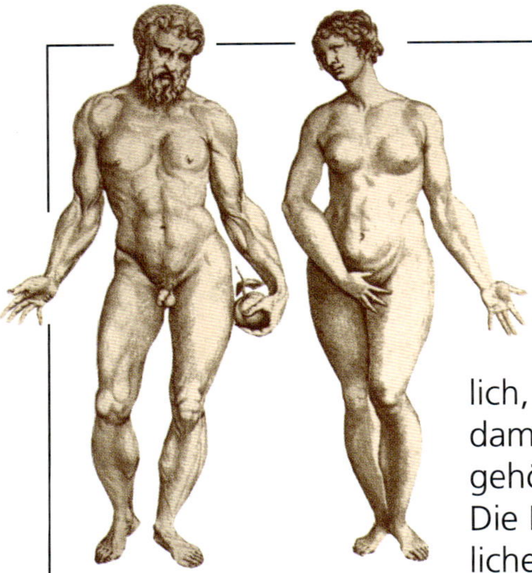

MÄNNLICHE UND WEIBLICHE FORMEN

Dieser männliche und weibliche Mensch stammen aus dem *Epitome*, einem 1543 von Andreas Vesalius veröffentlichten Handbuch. Die Zeichnung der äußeren Merkmale zeigt, dass der Mann muskulöser ist als die Frau, mit breiteren Schultern, schmaleren Hüften sowie stärkerer Gesichts- und Körperbehaarung. Die Form der Frau ist durch Fettpolster runder, v. a. an den Oberschenkeln, mit breiten Hüften und entwickelten Brüsten.

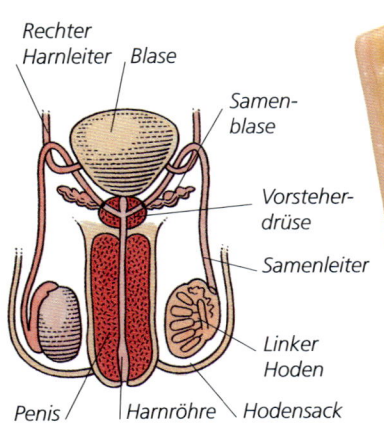

Rechter Harnleiter   Blase
Samenblase
Vorsteherdrüse
Samenleiter
Linker Hoden
Penis   Harnröhre   Hodensack

Ansicht der männlichen Fortpflanzungsorgane von vorn

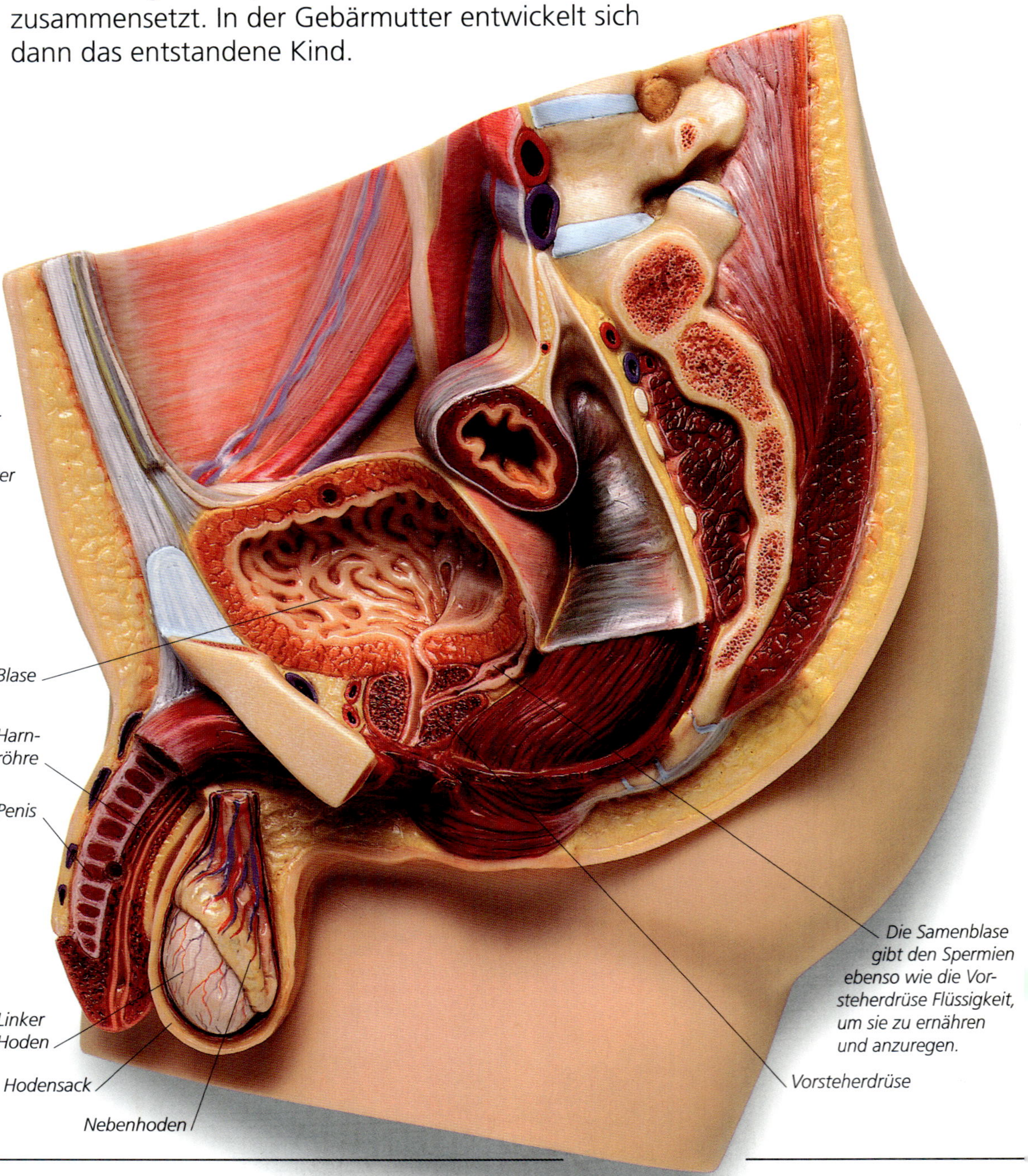

MÄNNLICHE FORTPFLANZUNGSORGANE

Dieses Querschnittmodell der männlichen Fortpflanzungsorgane zeigt eine Seitenansicht von einem der beiden Hoden, die in einem Hautsack, dem Hodensack, außerhalb des Körpers hängen. Beim Geschlechtsverkehr treiben Muskelkontraktionen die Spermien die Samenleiter entlang in die Harnröhre und aus dem Penis. Der Mann stellt sein Leben lang Spermien her. Wenn sie nicht abgegeben werden, werden sie abgebaut und wieder vom Körper aufgenommen.

Blase

Harnröhre

Penis

Linker Hoden

Hodensack

Nebenhoden

Die Samenblase gibt den Spermien ebenso wie die Vorsteherdrüse Flüssigkeit, um sie zu ernähren und anzuregen.

Vorsteherdrüse

REGNIER DE GRAAF

Der niederländische Arzt und Anatom Regnier de Graaf (1641–1673) untersuchte die Fortpflanzungsorgane von Mann und Frau. In seiner Arbeit über die weiblichen Fortpflanzungsorgane, die 1672 veröffentlicht wurde, benannte de Graaf die Eierstöcke und beschrieb die kleinen Bläschen an deren Oberfläche, die jeden Monat auftreten. Später wurde entdeckt, dass jede Blase einem reifen Follikel entspricht, der die weitaus kleinere Eizelle enthält. Diese wurden nach ihrem Entdecker als Graaf-Follikel bezeichnet.

Der Eierstock wird durch ein Band gehalten.

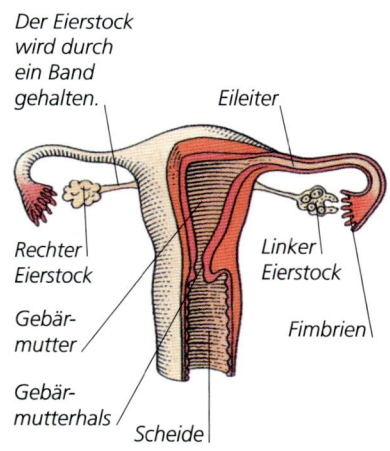

Ansicht der weiblichen Fortpflanzungsorgane von vorn

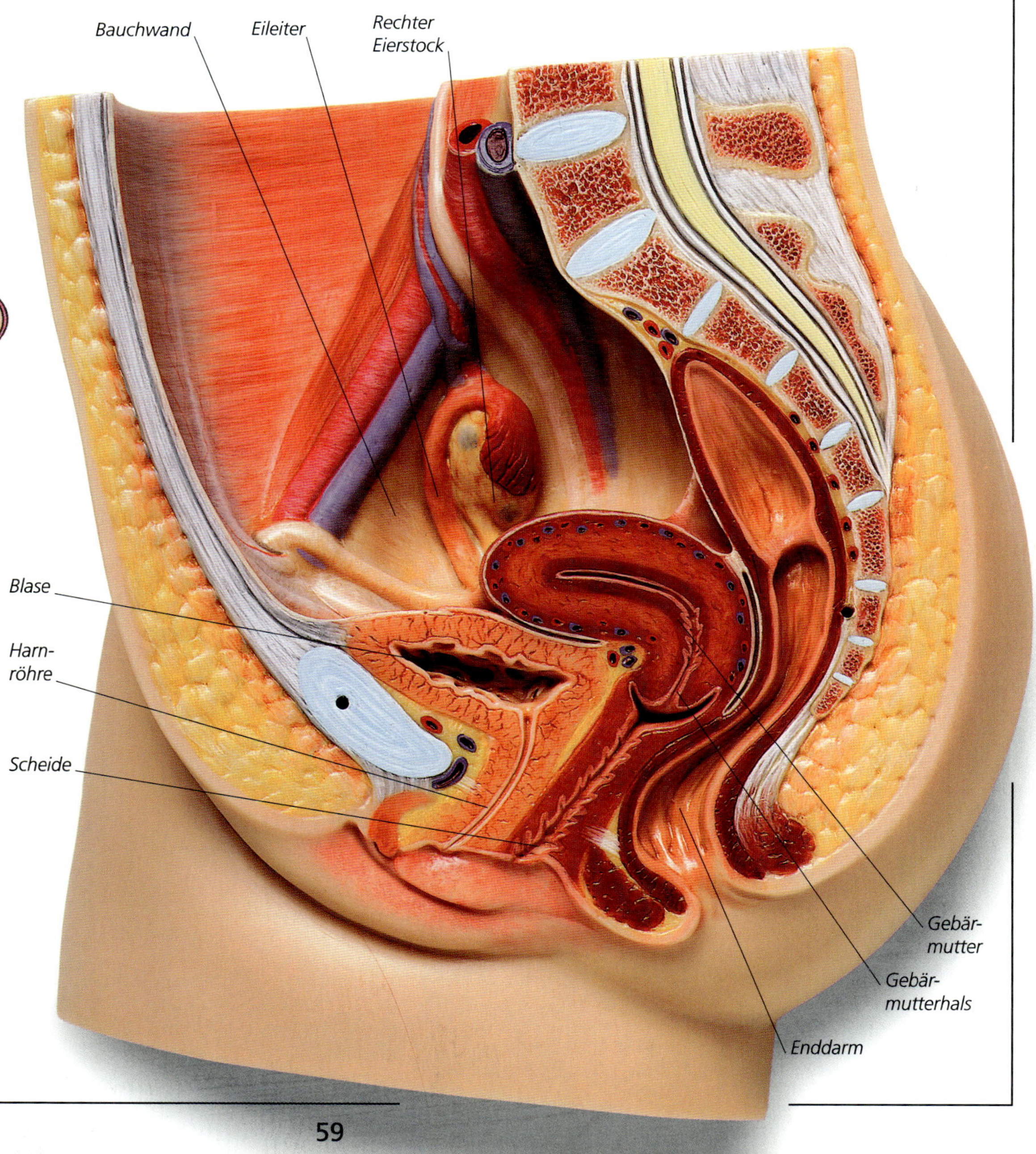

- Eileiter
- Rechter Eierstock
- Linker Eierstock
- Fimbrien
- Gebärmutter
- Gebärmutterhals
- Scheide

WEIBLICHE FORTPFLANZUNGSORGANE

Während der fruchtbaren Jahre geben die Eierstöcke einer Frau in jedem Monat eine reife Eizelle ab. Sie wird von den Fimbrien in den Eileiter geleitet, der zur Gebärmutter führt. Trifft die Eizelle kurz nach dem Eisprung auf eine Spermie, verschmelzen beide und es kommt zur Befruchtung. Das entstehende Kind wächst in der Gebärmutter heran. Findet keine Befruchtung statt, wird die Eizelle abgebaut und wieder vom Körper aufgenommen. Durch das wachsende Kind dehnt sich die Gebärmutter stark aus. Die Scheide ist der Schlauch, durch den das Kind geboren wird.

DER MENSTRUATIONSZYKLUS

Alle 28 Tage entsteht bei der Frau eine Abfolge von Veränderungen, die als Menstruation, Periode oder Regel bezeichnet werden. Dabei wird von einem Eierstock eine reife Eizelle abgegeben. Die Gebärmutterschleimhaut verdickt sich, um die durch eine Spermie befruchtete Eizelle aufzunehmen.

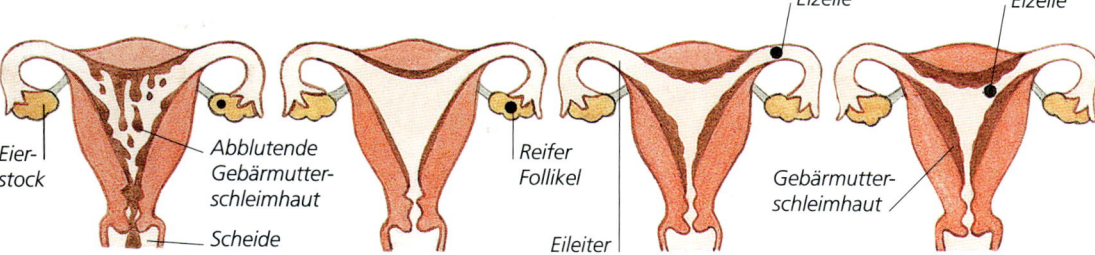

- Eierstock
- Abblutende Gebärmutterschleimhaut
- Scheide
- Reifer Follikel
- Eileiter
- Eizelle
- Eizelle
- Gebärmutterschleimhaut

1 ERSTE WOCHE
Die im vorausgegangenen Zyklus verdickte Gebärmutterschleimhaut geht zugrunde und wird mitsamt dem Blut durch die Scheide ausgeschieden.

2 ZWEITE WOCHE
Ein Follikel mit Eizellen an der Eierstockoberfläche reift zum Graaf-Follikel heran. Dieser produziert Hormone. Die Gebärmutterschleimhaut verdickt sich allmählich.

3 DRITTE WOCHE
In der Zyklusmitte kommt es zum Eisprung, bei dem der reife Follikel aufbricht und die Eizelle abgibt, die durch den Eileiter zur Gebärmutter wandert.

4 VIERTE WOCHE
Die Gebärmutterschleimhaut ist dick und voller Blut, sodass sich eine befruchtete Eizelle einnisten könnte. Geschieht dies nicht, wird sie zerstört und der Zyklus beginnt von vorn.

- Bauchwand
- Eileiter
- Rechter Eierstock
- Blase
- Harnröhre
- Scheide
- Gebärmutter
- Gebärmutterhals
- Enddarm

Ein neues Leben

Bei der Befruchtung kommen die Erbinformationen der männlichen Spermie und der weiblichen Eizelle zusammen. Die befruchtete Eizelle ist nicht größer als der Punkt am Ende dieses Satzes. Wenn sich die befruchtete Eizelle erfolgreich in die Schleimhaut der Gebärmutter einnistet, entsteht aus ihr zunächst ein Embryo und dann ein Fetus. Etwa 38 Wochen nach der Befruchtung zeigen Änderungen am Körper der Mutter an, dass der Fetus geboren werden kann. Die Muskelwand der Gebärmutter fängt an sich immer stärker und häufiger zusammenzuziehen, sodass die das Kind umgebenden Membranen reißen und das Fruchtwasser herausfließt, in dem es bislang geschwommen ist. Der Gebärmutterhals dehnt sich und das Kind wird durch die Scheide der Mutter aus ihrem Körper geschoben. Bei Kontakt mit der Außenwelt atmet das Kind automatisch ein. In den folgenden Jahren muss es von seinen Eltern versorgt werden, während es wächst und sich entwickelt.

Spermie

Eizelle

Kern der Eizelle

Durchsichtige äußere Schicht der Eizelle

Der Schwanz fällt ab, wenn die Spermie in die Eizelle eindringt.

BEFRUCHTUNG EINER EIZELLE
Dieses Schnittmodell zeigt Spermien an einer Eizelle. Sie bestehen aus einem Kopf mit Kern und einem vorantreibenden Schwanz und versuchen, die Hülle der Eizelle zu durchdringen. Eine hatte Erfolg. Sie hat ihren Schwanz verloren und ihr Kopf (Kern) wird mit dem Kern der Eizelle verschmelzen. Nun können keine Spermien mehr in die Eizelle eindringen.

ENTWICKLUNG DES EMBRYOS
Die befruchtete Eizelle teilt sich in zwei Zellen, dann in vier, dann acht usw. Eine Woche nach der Befruchtung nistet sie sich in die Gebärmutterschleimhaut ein und wird zum Embryo. Bei der Teilung bilden die Zellen des Embryos Muskeln, Nerven und andere Gewebe. Fünf Wochen nach der Befruchtung entwickeln sich bereits erbsengroße Arme und Beine sowie die inneren Organe.

Gruppe von 16 Zellen

Modell eines fünf Wochen alten Embryos

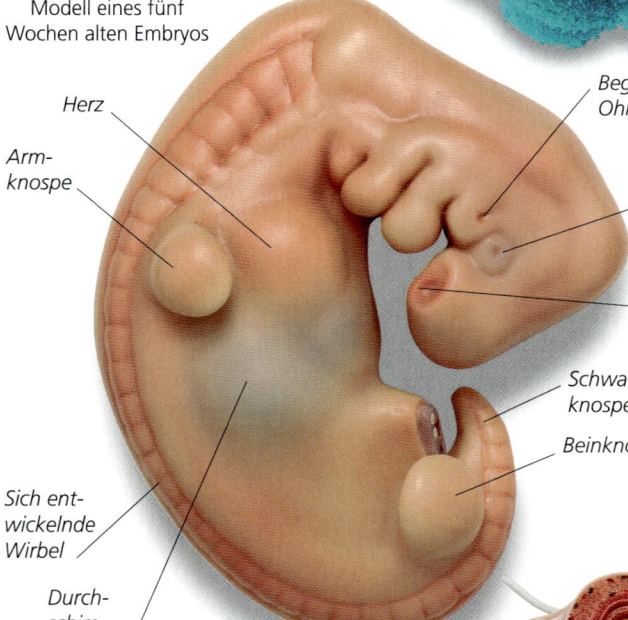

Herz

Arm-knospe

Beginnende Ohrentwicklung

Sich entwickelndes Auge

Sich entwickelnder Mund

Schwanz-knospe

Beinknospe

Sich entwickelnde Wirbel

Durch-schimmernde Leber

ERSTER EMBRYOLOGE
1600 veröffentlichte der italienische Anatomieprofessor Hieronymus Fabricius (1537–1619) das Buch *Über die Entwicklung des Fetus*, in dem er die Entwicklung ungeborener Nachkommen bei Tieren und Menschen beschreibt. Er galt schon zu Lebzeiten wegen der Untersuchung von Embryos und ihrer Entwicklung als Begründer der Embryologie. Außerdem gab er dem Eierstock seinen Namen und vermutete dessen Funktion.

Die Gebärmutter nimmt mit dem Kind an Größe zu.

Alle wichtigen Organe sind angelegt.

Nabelschnur

Erkennbare Gliedmaßen

Gebärmutter-wand

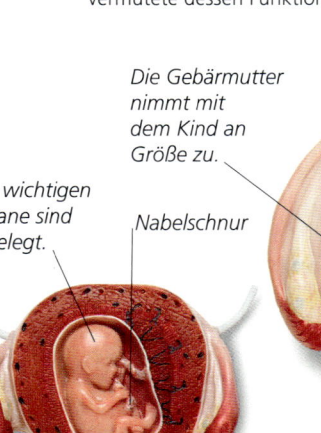

Gebär-mutterhals

Mutter-kuchen

ENTWICKLUNG DES FETUS
Ab dem zweiten Monat nach der Befruchtung bis zur Geburt nimmt das Kind langsam menschliche Formen an. Es wird jetzt als Fetus bezeichnet, vom lateinischen Wort für „Nachkommen". Nach zwei Monaten sind alle Organe angelegt, das Herz des Fetus schlägt, aber sein Körper ist kaum größer als eine Erdbeere. Nach etwa neun Monaten, kurz vor der Geburt, wiegt der Fetus 3–4 kg.

1 ZWEI MONATE
Der 2,5 cm lange Fetus hat Arme und Beine sowie Finger und Zehen. Sein Gehirn wächst rasch.

2 DREI MONATE
Der etwa 8 cm lange Fetus sieht wie ein Mensch aus, hat Augen und ein Gesicht.

3 FÜNF MONATE
Der Fetus ist 20 cm lang. Er reagiert mit Tritten und Saltos auf Geräusche. Der Bauch der Mutter wölbt sich vor.

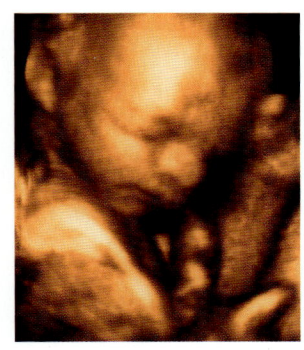

MUTTERKUCHEN

Der Mutterkuchen ist eine an der Gebärmutterwand befestigte Gewebe-platte, die den Fetus ernährt. In seinem Inneren laufen Blutgefäße von Mutter und Fetus sehr nah aneinander vorbei, sodass Sauerstoff und Nährstoffe vom mütterlichen Blut in das Blut des Fetus übertreten können. Anschließend fließt das Blut durch die Nabelschnur zum Fetus. Seine Stoffwechselabfälle leitet der Fetus ebenfalls durch die Nabelschnur zum Mutterkuchen. Nach der Geburt wird die Nabelschnur abge-klemmt und durch-geschnitten.

Fetale Blutgefäße

Mütter-liche Blut-gefäße

Mutterkuchen: Kontaktstelle des fetalen und des mütterlichen Bluts

Nabel-schnur

DEN FETUS SEHEN

Nach etwa 11 Wochen erfolgt eine Ultraschalluntersuchung des Kindes in der Gebärmutter, bei der überprüft wird, ob es ihm gut geht. Das Gerät leitet sehr hochfrequente, harmlose Schall-wellen in den Körper und fängt ihre Echos auf. Ein Computer zeigt die Echos als Bild auf einem Bild-schirm. Auf dieser 3-D-Aufnahme hält der Fetus seine linke Hand an die Stirn.

Blutgefäße in der Nabel-schnur leiten Blut zum Fetus und von ihm weg.

Der Fetus ist in den letzten zwei Monaten deutlich gewachsen.

Die vergrößerte Gebärmutter drückt auf die Bauchorgane der Mutter.

Gedehnte Gebär-mutterwand

Ein Stopfen aus zähem Schleim ver-schließt den Gebär-mutterhals und schützt den Fetus vor Infektionen.

Scheide (Geburts-kanal) *Gebär-mutterhals*

Frucht-wasser

Die innere Eihaut umgibt das Fruchtwasser, in dem der Fetus schwimmt.

Der Fetus hat sich in Geburts-position gedreht.

Fest geschlosse-ner Gebär-mutterhals

4 SIEBEN MONATE
Der Fetus ist nun etwa 28 cm lang und in die Gebärmutter eingezwängt. Er hat Finger- und Zehennägel und seine Augen sind offen.

5 NEUN MONATE
Der Fetus ist jetzt ausgewachsen und etwa 36 cm lang. Er reagiert auf Musik und Stimmen, seine Lunge ist fertig und er kann auf die Welt kommen.

MUTTER UND KIND
Viele Mütter stillen ihre Kinder. Muttermilch ver-sorgt das Kind in den ers-ten Lebensmonaten mit den zum Wachstum erforderlichen Nährstoffen, da es noch keine feste Nahrung zu sich nehmen kann. Die Milch wird von Drüsen in den Brüsten hergestellt und abgegeben, wenn das Kind saugt. Außerdem fördert Stillen die Bindung zwischen Mutter und Kind.

Wachstum und Entwicklung

Von der Geburt bis zum hohen Alter folgt jeder Mensch demselben Muster von Wachstum und Körperentwicklung. Beim Neugeborenen sind Kopf und Gehirn verhältnismäßig groß, Arme und Beine hingegen kurz. Der Rumpf (Brust und Bauch) holt während der Kindheit auf, Arme und Beine dann im Lauf der Jugend. Ebenfalls im Jugendalter führen körperliche und seelische Veränderungen dazu, dass aus dem Kind ein Erwachsener wird. Mit Anfang 20 ist das Wachstum beendet und der Körper reift, bis er mit zunehmendem Alter langsam abbaut. Dieser Ablauf wird wie alle anderen Vorgänge im Körper von den 23 Chromosomenpaaren gesteuert, die sich in dem Zellkern jeder Körperzelle befinden. Jedes Chromosom besteht aus einem langen Molekül, der Desoxyribonukleinsäure (DNA). Die Abschnitte jedes DNA-Moleküls, die als Gene bezeichnet werden, enthalten die kodierten Anweisungen für Aufbau und Instandhaltung des Körpers. Insgesamt gibt es etwa 25 000 Genpaare.

GENE UND VERERBUNG
Vater und Mutter geben jeweils einen Satz Gene an ihr Kind weiter. Dies wird als Vererbung bezeichnet. Die meisten Gene, die dieses Mädchen von Mutter und Vater bekommen hat, sind identisch, einige aber nicht. So besitzt sie eine einzigartige Zusammenstellung von Genen, die ihre persönlichen Merkmale bestimmen, wie ihr Aussehen. Das Mädchen hat Haare und Augen vermutlich von der Mutter geerbt, sieht aber anders aus als ihre Eltern.

MEISTERLICHES MOLEKÜL
1953 verstanden der US-Biologe James Watson (geb. 1928, links im Bild) und der britische Biophysiker Francis Crick (1916–2004) den Aufbau der DNA. Dieses Foto zeigt sie mit ihrem Modell des DNA-Moleküls. Es besteht aus zwei miteinander verbundenen, parallel verlaufenden Strängen, die sich wie eine verdrehte Strickleiter umeinander winden. Die Leitersprossen enthalten die Anweisungen, die Gene.

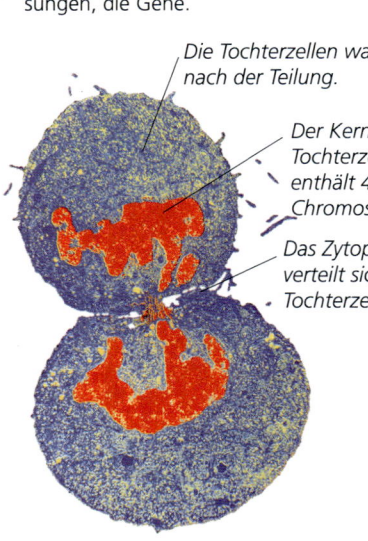

Die Tochterzellen wachsen nach der Teilung.

Der Kern der Tochterzelle enthält 46 Chromosomen.

Das Zytoplasma verteilt sich auf die Tochterzellen.

ZELLTEILUNG
Um zu wachsen, muss der Körper neue Zellen herstellen. Zellen vermehren sich durch Teilung. Bei den meisten Zellen findet dabei eine Mitose statt, bei der sich jedes Chromosom in der Mutterzelle verdoppelt. Die beiden Chromosomensätze reihen sich auf und wandern zu den entgegengesetzten Enden des Zytoplasmas. Dann teilt sich das Zytoplasma und es entstehen zwei identische Tochterzellen.

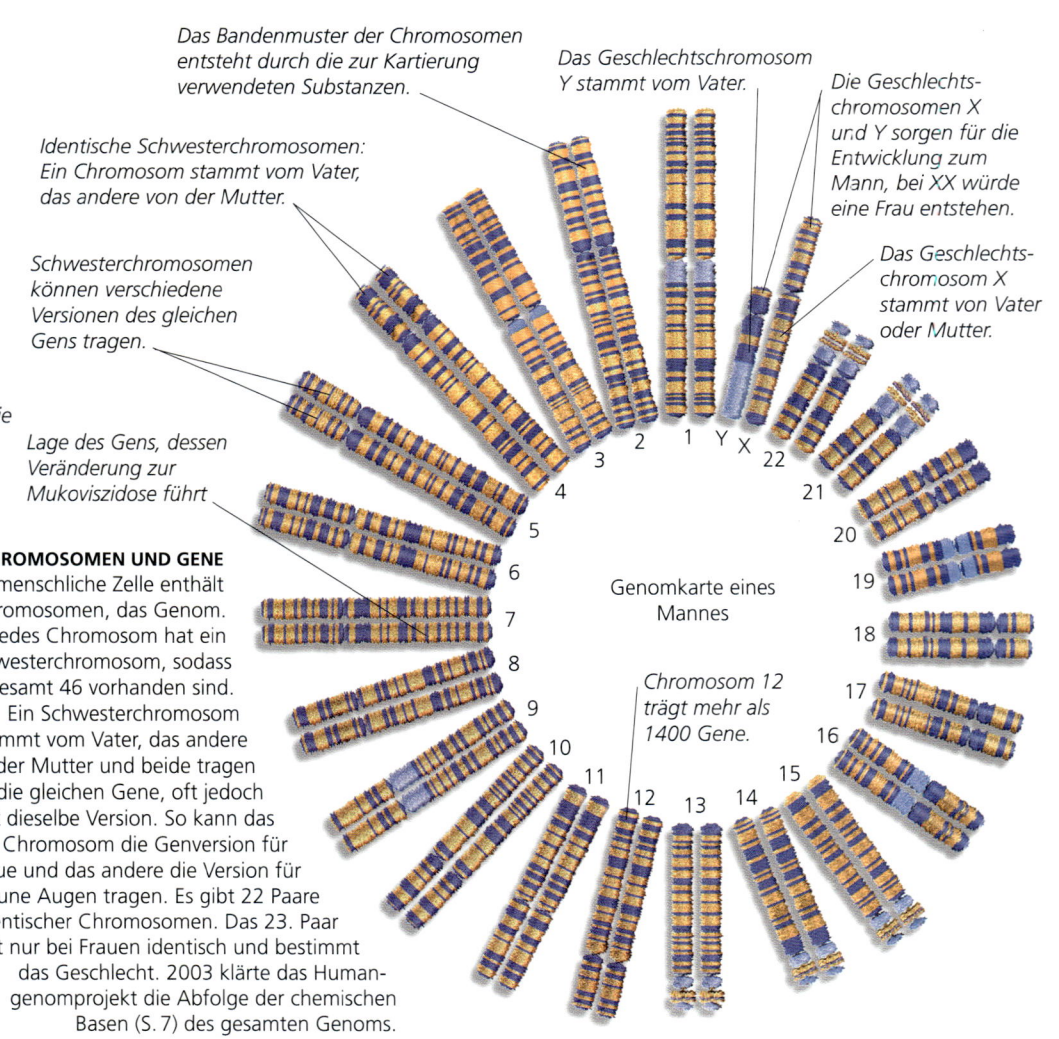

Das Bandenmuster der Chromosomen entsteht durch die zur Kartierung verwendeten Substanzen.

Das Geschlechtschromosom Y stammt vom Vater.

Die Geschlechtschromosomen X und Y sorgen für die Entwicklung zum Mann, bei XX würde eine Frau entstehen.

Identische Schwesterchromosomen: Ein Chromosom stammt vom Vater, das andere von der Mutter.

Schwesterchromosomen können verschiedene Versionen des gleichen Gens tragen.

Das Geschlechtschromosom X stammt von Vater oder Mutter.

Lage des Gens, dessen Veränderung zur Mukoviszidose führt

Genomkarte eines Mannes

Chromosom 12 trägt mehr als 1400 Gene.

CHROMOSOMEN UND GENE
Jede menschliche Zelle enthält 23 Chromosomen, das Genom. Jedes Chromosom hat ein Schwesterchromosom, sodass insgesamt 46 vorhanden sind. Ein Schwesterchromosom stammt vom Vater, das andere von der Mutter und beide tragen die gleichen Gene, oft jedoch nicht dieselbe Version. So kann das eine Chromosom die Genversion für blaue und das andere die Version für braune Augen tragen. Es gibt 22 Paare identischer Chromosomen. Das 23. Paar ist nur bei Frauen identisch und bestimmt das Geschlecht. 2003 klärte das Humangenomprojekt die Abfolge der chemischen Basen (S. 7) des gesamten Genoms.

WACHSTUM UND SKELETT

Vor der Geburt besteht das embryonale Skelett aus elastischem Knorpel sowie am Schädel aus faserverstärkten Membranen. Beim wachsenden Fetus werden diese Gewebe überwiegend durch harten Knochen ersetzt, sie verknöchern. Bei der Geburt sind die Schädelknochen jedoch weiterhin unvollständig. Sie sind durch elastische Membranen, die Fontanellen, verbunden, damit der Kopf des Kindes bei der Geburt leicht zusammengedrückt werden kann und besser durch den Geburtskanal passt. Im Kleinkindalter sind die Fontanellen verknöchert und die Schädelknochen an den Schädelnähten miteinander verschmolzen. Im Lauf der Kindheit wächst der Gesichtsschädel schnell, um den Gehirnschädel einzuholen.

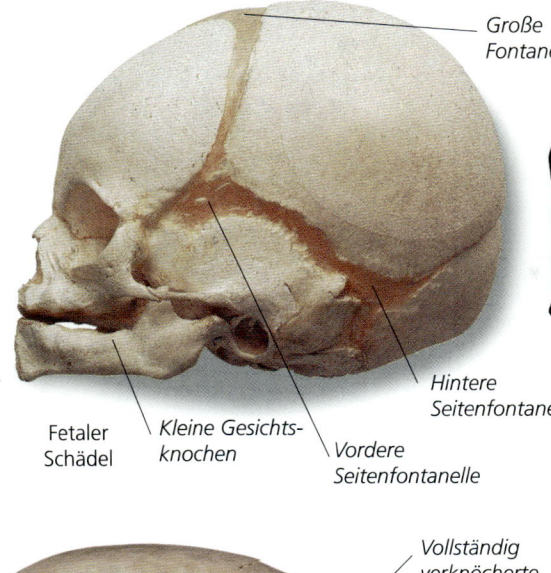

Große Fontanelle

Hintere Seitenfontanelle

Vordere Seitenfontanelle

Fetaler Schädel

Kleine Gesichtsknochen

Vollständig verknöcherte Schädelknochen

In der Kindheit wachsen die Gesichtsknochen schnell.

Bleibende Zähne ersetzen die Milchzähne.

Der Unterkiefer vergrößert sich stark.

Sägezahnartige Schädelnaht

Schädel eines Sechsjährigen

Erwachsener Schädel

Die Schädelnähte sind gut zu erkennen.

Fehlender Zahn, vermutlich durch Verfall

Die Gesichtsknochen sind noch größer.

PUBERTÄT UND JUGEND

Während der drei bis vier Pubertätsjahre wächst der Körper schnell und die Fortpflanzungsorgane nehmen ihre Funktion auf. Mädchen sind meistens mit 10–12 in der Pubertät, Jungen mit 12–14 Jahren. Die Körper der Mädchen werden runder, sie bekommen Brüste und ihre Periode, Jungen werden muskulöser, ihre Stimme wird tiefer, es wächst ein Bart und die Spermienherstellung beginnt. Die Pubertät gehört zur Jugend, aus dem Kind wird ein Erwachsener. Dazu gehören seelische und körperliche Veränderungen, sodass die Jugend oft von Sorgen, Auflehnung und der neu entdeckten Unabhängigkeit geprägt ist. In dem Film *... denn sie wissen nicht, was sie tun* (1955) spielt James Dean einen grüblerischen Jugendlichen.

ALTERN

Etwa ab einem Alter von 50 Jahren wird das Altern sichtbar. Die Haut verliert ihre Elastizität und bildet Falten und Runzeln, wie bei diesem älteren Indianer. Herz und Lunge arbeiten schlechter, die Gelenke werden steifer und die Knochen brüchiger, das Sehvermögen lässt nach und die Gehirnfunktion ebenfalls. Diese Veränderungen sind langsamer spürbar, wenn sich die Betroffenen um ihren Körper kümmern. Bei gesunder Ernährung und Bewegung kann man auch mit 80 Jahren noch bei guter Gesundheit sein.

Häuptling der Absarokee (um 1906)

Junges Erwachsenenalter

Mittleres Alter

Hohes Alter

Pubertät und Jugend

Geburt

Tod

LEBENSGESCHICHTE VON DER WIEGE BIS ZUM GRAB

Jedes Leben verläuft gleich, wie diese Zeichnung aus dem 16. Jh. zeigt. Das junge Erwachsenenalter ist geprägt von Verantwortung und Elternschaft. Das mittlere Alter bringt Weisheit und die ersten Zeichen des Alterns mit sich. Im hohen Alter verschlechtern sich die Körperfunktionen, bis man stirbt. Dank besserer Ernährung, medizinischer Versorgung und Hygiene ist die Lebenserwartung in den Industrieländern heute mit etwa 80 Jahren doppelt so hoch wie im 16. Jh.

Zukunft

Fortschritte in Biologie, Medizin, Elektronik und Technologie ermöglichen inzwischen früher undenkbare Reparaturen und Verbesserungen des menschlichen Körpers. Manche Menschen haben moralische Einwände gegen Stammzell-forschung und Hybridembryos. Sie glauben, dass diese Techniken nicht mit der Unantastbarkeit des Lebens zu vereinbaren sind. Keine Bedenken bestehen jedoch gegen bionische Gliedmaßen und gezüchtete künstliche Organe. Ideen wie Nanobots, Cyborgs und Gehirnmikrochips sind jedoch weiterhin Zukunftsträume.

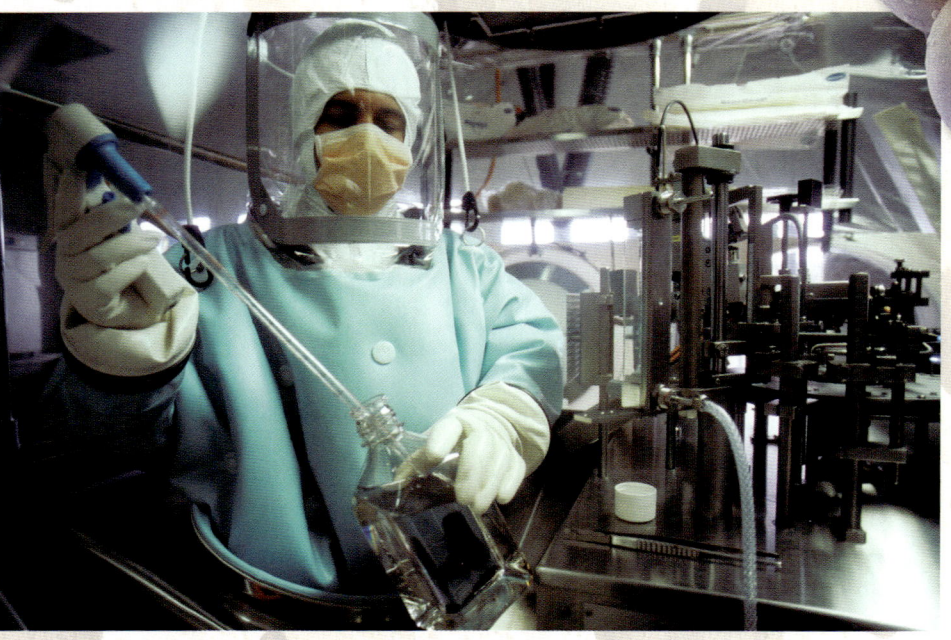

STAMMZELLEN
Mediziner glauben, dass nicht spezia-lisierte Zellen, die Stammzellen, zur Reparatur kranker oder beschädigter Gewebe beim Menschen eingesetzt werden können. Stammzel-len teilen sich in viele Zelltypen. Die anpassungs-fähigsten Stammzellen aus extra hergestellten Embryos werden zur Forschung verwendet, was jedoch von manchen Menschen kritisiert wird. Stammzellen aus Nabelschnurblut werden zur Herstellung verschiedener Blutzellarten benutzt.

GENTHERAPIE
Jede Körperzelle enthält mehr als 20 000 Gene, die DNA-Anweisungen zum Aufbau und Betrieb des Körpers. Fehlerhafte Gene, die nicht richtig funktionieren, können Krankheiten auslösen. Forscher (oben) hoffen, dass sich viele dieser Krankheiten bald mit Gentherapie heilen lassen. Dabei werden die fehlerhaften Gene durch gesunde ersetzt.

DESIGNERKINDER
Künftig könnte es möglich sein, ein krankes Kind mit einem fehlerhaften Gen mit Stammzellen eines extra dafür erzeugten Geschwisterkindes zu behan-deln. Dazu werden bei der In-vitro-Fertilisation (IVF) zunächst mehrere Embryonen erzeugt, indem die Eizelle außerhalb des Körpers künstlich befruchtet wird. Ein Embryo, dessen Zellen denen seines Geschwisters stark ähneln, ohne dass der-selbe Fehler vorliegt, wird ausgewählt und in die Gebärmutter der Mutter eingepflanzt, wo er zu einem Kind heranreift. Nach der Geburt wird sein krankes Geschwisterkind mit Stammzellen aus der abgetrenn-ten Nabelschnur behandelt.

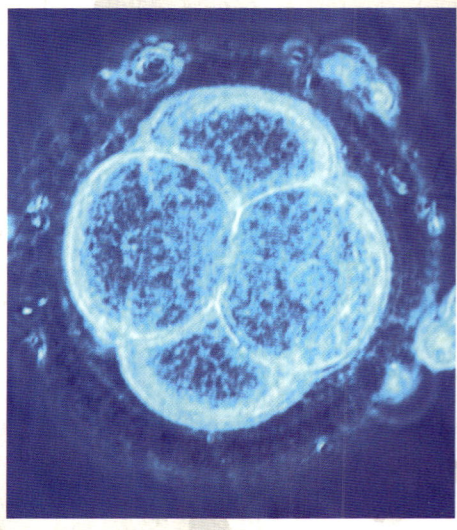

HYBRIDEMBRYOS
Embryos liefern Stammzellen, aber es gibt kaum menschliche Eizellen für ihre Herstellung. Daher erzeugen Wissenschaftler Hybridembryos, indem sie den DNA-haltigen Zellkern aus der Eizelle einer Kuh entfernen und den Zellkern einer mensch-lichen Hautzelle einsetzen. Die so entstandene Zelle teilt sich zu einem Hybridembryo. Diesem Embryo werden Stammzellen entnommen.

Der bionische Arm ist mit den Brustmuskeln verkabelt.

Sensoren empfangen Signale aus den Brustmuskeln und lösen Hand- und Armbewegungen aus.

Die künstliche Hand und die Finger bewegen sich nach dem Willen der Frau.

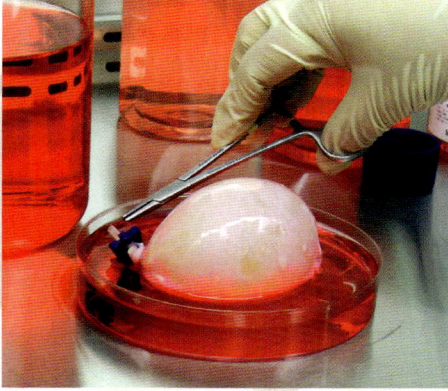

ORGANZÜCHTUNG

Derzeit können kranke Organe nur durch die Transplantation eines Spenderorgans von einer anderen Person ersetzt werden. Eine denkbare künftige Möglichkeit ist die Züchtung neuer Organe im Labor, was bereits mit den Zellen der Harnblase eines Patienten versucht wurde. Das Harnblasengewebe wurde um eine Form gezüchtet und die neue Blase erfolgreich dem Patienten eingepflanzt.

Die Nervenzelle ist Teil des Netzwerks des Mikrochip-Schaltkreises.

Säulen halten die Nervenzelle auf dem Mikrochip.

BIONISCHE GLIEDMASSEN

Diese Patientin hat ihren linken Arm verloren und wurde mit einem bionischen Arm versorgt. Dieser wurde operativ mit den Brustmuskeln verbunden. Sobald sie ihre Hand bewegen will, gelangt eine Nachricht zu den Brustmuskeln, die elektrische Signale abgeben. Diese werden von Sensoren aufgefangen und an einen winzigen Computer weitergegeben, der der Hand den Befehl zur Bewegung gibt.

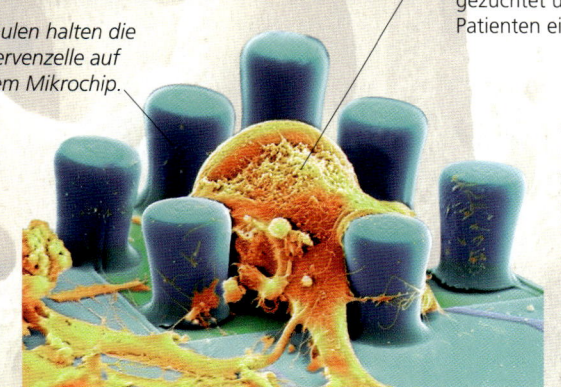

GEHIRNMIKROCHIPS

Diese REM-Aufnahme zeigt eine Nervenzelle auf einem Mikrochip, die Teil eines Netzwerks ist. Der Mikrochip bildet mit den Nervenzellen einen Schaltkreis und kann sie dazu veranlassen, einander und zum Mikrochip Signale zu senden. Vielleicht kann man so künftig Hirnschäden reparieren oder Hirnleistungen verbessern, wie Gedächtnis oder Intelligenz.

MEDIZINISCHE NANOBOTS

Diese Zeichnung zeigt eine futuristische Szene: einen Nanobot, der eine Nervenzelle repariert. Nanobots oder Nanoroboter sind mikroskopisch kleine Maschinen, die auf ihre Umgebung reagieren und Aufgaben durchführen können. Sie entstehen im Rahmen der Nanotechnologie, der Verarbeitung von Atomen und Molekülen zu winzigen Maschinen. Künftig könnte möglich sein, dass Nanobots Schäden an Körperzellen und -geweben aufspüren, diagnostizieren und beheben.

CYBORGS

In den *Terminator*-Filmen spielte Arnold Schwarzenegger (links) einen Cyborg mit übermenschlichen Fähigkeiten, der halb Mensch und halb Maschine ist. Vielleicht machen künftige Technologien Cyborgs möglich und ermöglichen den Menschen, mit den immer intelligenter werdenden Robotern und anderen künstlichen Systemen Schritt zu halten.

EWIGES LEBEN?

Manche Wissenschaftler und Philosophen, die das Leben und seine Bedeutung untersuchen, sagen voraus, dass die durchschnittliche Lebenserwartung auf bis zu 150 Jahre verlängert werden kann. Medizinische Fortschritte wie Gentherapie und Organersatz sowie veränderte Lebensgewohnheiten können das Leben aller Menschen verlängern. Aber welche Lebensqualität hat ein 150-Jähriger? Und gibt es auf unserem Planeten Platz für so viele?

Chronik

Unser tiefgreifendes Verständnis von Anatomie und Physiologie ist das Ergebnis gründlicher Untersuchungen und von Beiträgen von Wissenschaftlern und Ärzten vieler Jahrhunderte. Jede Neuentdeckung vermittelte der nachfolgenden Generation ein klareres Bild des Körpers und seiner Systeme. Trotzdem gibt es Bereiche des Körpers, deren Funktion weiterhin ungeklärt bleibt.

Statue von Imhotep (um 2650 v. Chr.)

um 160 000 v. Chr.
Die ersten modernen Menschen (*Homo sapiens*) tauchen in Afrika auf.

um 10 000 v. Chr.
Erste Siedlungen und Anfang des Ackerbaus

um 2650 v. Chr.
Der Ägypter Imhotep ist der erste bekannte Arzt.

um 1500 v. Chr.
In Ägypten wird der erste bekannte medizinische Text, das *Ebers Papyrus*, geschrieben.

um 500 v. Chr.
Der griechische Arzt Alcamaeon von Croton vermutet, dass das Gehirn und nicht das Herz Sitz der Gedanken und Gefühle ist.

um 420 v. Chr.
Der griechische Arzt Hippokrates betont die Bedeutung von Beobachtung und Diagnostik.

um 280 v. Chr.
Herophilus von Alexandria beschreibt Groß- und Kleinhirn.

um 40 n. Chr.
Der römische Philosoph Cornelius Celsius veröffentlicht das medizinische Handbuch *Über die Medizin*.

um 200 n. Chr.
Der römische Arzt und gebürtige Grieche Claudius Galen beschreibt (oft falsch) die Funktionen des menschlichen Körpers. Seine Lehren gelten unverändert für die nächsten 1500 Jahre.

um 1025
Der persische Arzt Avicenna veröffentlicht den *Kanon der Medizin*, der die europäische Medizin der nächsten 500 Jahre beeinflusst.

um 1280
Der syrische Arzt Ibn an-Nafis zeigt, dass Blut im Körper kreist.

um 1316
Der italienische Anatomieprofessor Mondino dei Liuzzi veröffentlicht seine Sektionsanleitung „Anatomie".

um 1500
Der italienische Künstler und Wissenschaftler Leonardo da Vinci fertigt anatomische Zeichnungen eigener Sektionen an und widerspricht Galens Lehren.

1543
Der flämische Arzt Andreas Vesalius beschreibt die menschliche Anatomie fehlerfrei in seinem Buch *Über den Aufbau des menschlichen Körpers*.

1562
Der italienische Anatom Bartolomeo Eustachio beschreibt das Ohr in „Die Untersuchung der Hörorgane".

1590
Der holländische Brillenmacher Zacharias Janssen erfindet das Mikroskop.

1603
Hieronymus Fabricius, ein italienischer Anatom, beschreibt in seinem Buch *Über die Venenklappen* den Aufbau von Venen.

1614
Der italienische Arzt Santorio Santorio veröffentlicht die Ergebnisse der 30-jährigen Beobachtung seines Körpers in dem Buch *Die Kunst der statistischen Medizin*.

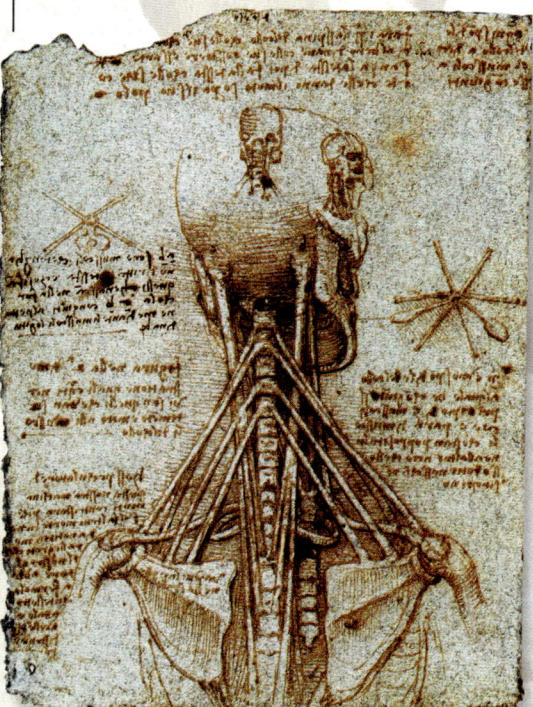

Anatomische Zeichnung von Leonardo da Vinci, (um 1500)

1628
Der englische Arzt William Harvey beschreibt in seiner Arbeit „Über die Bewegungen von Herz und Blut bei Tieren" den Blutkreislauf.

1662
In dem nach seinem Tod veröffentlichten Buch *Behandlung des Menschen* beschreibt der Franzose René Descartes den Körper als Maschine.

1663
Der italienische Biologe Marcello Malpighi entdeckt die Kapillaren, die kleinsten Blutgefäße, die Arterien und Venen verbinden.

1664
Der Engländer Thomas Willis beschreibt die Blutversorgung des Gehirns.

1665
Der englische Physiker Robert Hooke prägt den Begriff „Zelle" für die kleinste Einheit des Lebens, die er unter einem Mikroskop entdeckt hat.

Hookes Microskop (1665)

1672
Der holländische Anatom Regnier de Graaf beschreibt das weibliche Fortpflanzungssystem.

1674–1677
Antonis van Leeuwenhoek, ein holländischer Tuchhändler und Mikroskopierer, beschreibt menschliche Blut- und Samenzellen.

1691
Der englische Arzt Clopton Havers beschreibt den mikroskopischen Knochenaufbau.

1775
Antoine Lavoisier entdeckt Sauerstoff und zeigt später, dass Zellatmung ein chemischer Vorgang ist, der Sauerstoff verbraucht.

1800
Der französische Arzt Marie-François Bichat zeigt, dass Organe aus Zellgruppen bestehen, den Geweben.

1811
Der schottische Anatom Charles Bell zeigt, dass Nerven aus Bündeln von Nervenzellen bestehen.

1816
Der französische Arzt René Laënnec führt das Stethoskop ein, mit dem sich Atem- und Herzgeräusche abhören lassen.

1833
Der amerikanische Militärchirurg William Beaumont veröffentlicht die Ergebnisse seiner Versuche über den Ablauf der Verdauung.

1837
Der tschechische Biologe Johannes Purkinje entdeckt Nervenzellen im Kleinhirn.

1842
Der britische Chirurg William Bowman beschreibt den mikroskopischen Aufbau und die Funktionen der Niere.

Einer der ersten Augenspiegel

1848
Der französische Wissenschaftler Claude Bernard beschreibt die Funktionsweise der Leber.

1851
Der deutsche Physiker Hermann von Helmholtz erfindet den Augenspiegel, ein Instrument, mit dem man das Augeninnere betrachten kann.

1861
Der französische Arzt Paul Pierre Broca entdeckt einen Bereich in der linken Gehirnhälfte, der für die Sprache zuständig ist.

1871
Der deutsche Wissenschaftler Wilhelm Kühne führt den Begriff „Enzym" zur Beschreibung von Substanzen ein, die chemische Reaktionen in Lebewesen beschleunigen.

1895
Der deutsche Physiker Wilhelm Conrad Röntgen entdeckt die Röntgenstrahlen.

1901
Karl Landsteiner, ein österreichisch-amerikanischer Arzt, entdeckt die Blutgruppen und bahnt den Weg für erfolgreichere Bluttransfusionen.

1905
Der britische Wissenschaftler Ernest Starling führt den Begriff „Hormon" für die chemischen Boten-stoffe des Körpers ein.

1930
Der amerikanische Physiologe Walter Cannon führt den Begriff „Homöostase" für die Mechanismen ein, die das innere Gleichgewicht des Körpers sicherstellen.

1933
Der deutsche Elektroingenieur Ernst Ruska erfindet das Elektronenmikroskop.

Ein verwundeter US-Soldat erhält im Zweiten Weltkrieg eine Bluttransfusion.

1952
Der US-amerikanische Chirurg Joseph E. Murray führt bei identischen Zwillingen die erste Nieren-transplantation durch.

1952
Der US-amerikanische Herzspezialist Paul Zoll entwickelt den ersten Herzschrittmacher.

1953
Der US-amerikanische Biologe James Watson und der britische Physiker Francis Crick entdecken die Doppelhelixstruktur der DNA.

1958
Der britische Arzt Ian Donald verwendet Ultraschall zur Untersuchung eines Fetus.

1961
Der Amerikaner Marshall Nirenberg entschlüs-selt den genetischen Code der DNA.

1967
Erstmals werden die Weichgewebe des Körpers mit Magnetresonanztomografie untersucht.

1972
Einführung der Computertomografie zur Abbildung der menschlichen Körperorgane.

1980
Ärzte führen durch kleine Schnitte mithilfe von Endoskopen Schlüssellochoperationen am Körper durch.

Blutbeutel

1980–1989
Erstmals werden mit der Positronen-Emissions-tomografie Bilder der Gehirnaktivität erzeugt.

1982
Einem Patienten wird erstmals das künstliche Herz eingepflanzt, das vom US-amerikanischen Wissen-schaftler Robert Jarvik erfunden wurde.

1984
Luc Montagnier entdeckt das humane Immun-defizienzvirus (HIV), das das Abwehrsystem zerstört und Aids auslöst.

1990
Das Humangenomprojekt startet, das alle Gene der menschlichen Chromosomen ermitteln soll.

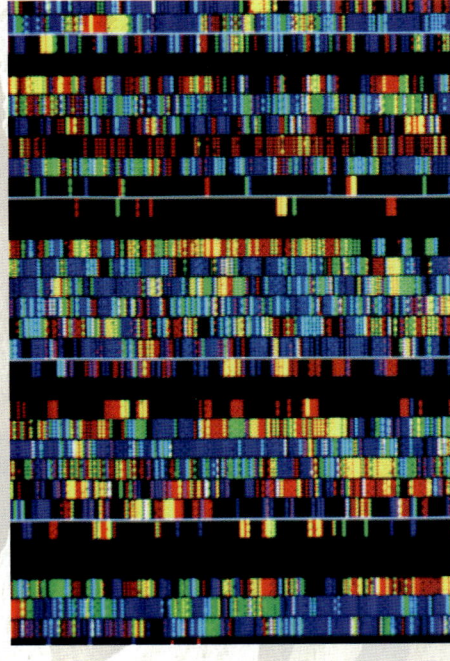

Computerdarstellung der DNA-Sequenzierung

1999
Chromosom 22 ist das erste menschliche Chromo-som, dessen gesamte DNA sequenziert wird (S. 62).

2001
Wissenschaftler führen am Tier den ersten Keim-bahngentransfer durch, um zu verhindern, dass fehlerhafte Gene weitergegeben werden.

2002
Mit Gentherapie (S. 64) werden Jungen behandelt, die eine erbliche Abwehrschwäche haben.

2003
Ergebnisse des Humangenomprojekts (S. 62), bei dem die DNA-Sequenz im menschlichen Chromo-somensatz ermittelt wurde, werden veröffentlicht.

2006
Eine im Labor aus den Zellen eines Patienten gezüchtete Blase wird ihm eingepflanzt.

2007
Es wird belegt, dass der Wurmfortsatz einen Not-vorrat an Bakterien enthält, die für das Funktio-nieren des Dickdarms unabdingbar sind.

2008
Die holländische Genetikerin Marjolein Kreik ist die erste Frau, deren Genom sequenziert wurde.

Neugierig geworden?

Der menschliche Körper ist und bleibt faszinierend und fesselnd. Es gibt viele Möglichkeiten, wie du ihn weiter studieren kannst. Achte auf Nachrichten über neueste Entdeckungen der medizinischen Wissenschaften und auf Radio- und Fernsehdokumentationen über Körperaufbau und -funktionen. Auch Bücher und das Internet liefern Informationen über den Körper. Achte auf Sonderausstellungen in Museen in deiner Nähe, die sich mit Anatomie und Physiologie befassen. Und vergiss nicht, dass du auch deinen eigenen Körper beobachten kannst. Pass gut auf ihn auf, indem du dich gesund ernährst und regelmäßig Sport treibst.

DER ÄLTESTE OPERATIONSSAAL
Dieser Operationssaal aus dem frühen 19. Jh. befindet sich noch an der ursprünglichen Stelle im St. Thomas Hospital in London. Er stammt aus einer Zeit vor der Einführung der Anästhesie, als Chirurgen schnell arbeiten mussten, damit die Patienten bei Operationen und Amputationen möglichst wenig litten. Medizinstudenten sahen aus den gestaffelten Rängen rings um den Operationstisch zu.

ANATOMIESCHAU
„Körperwelten" ist ein Wanderausstellung von „Plastinaten", echten menschlichen Körpern, die in interessanten Posen so konserviert wurden, dass die inneren Organe und Gewebe zu erkennen sind. Ziel der Ausstellung ist es, Anatomie zu zeigen. Seit sie 1995 in Japan eröffnet wurde, haben sie weltweit mehr als 37 Mio. Menschen besucht.

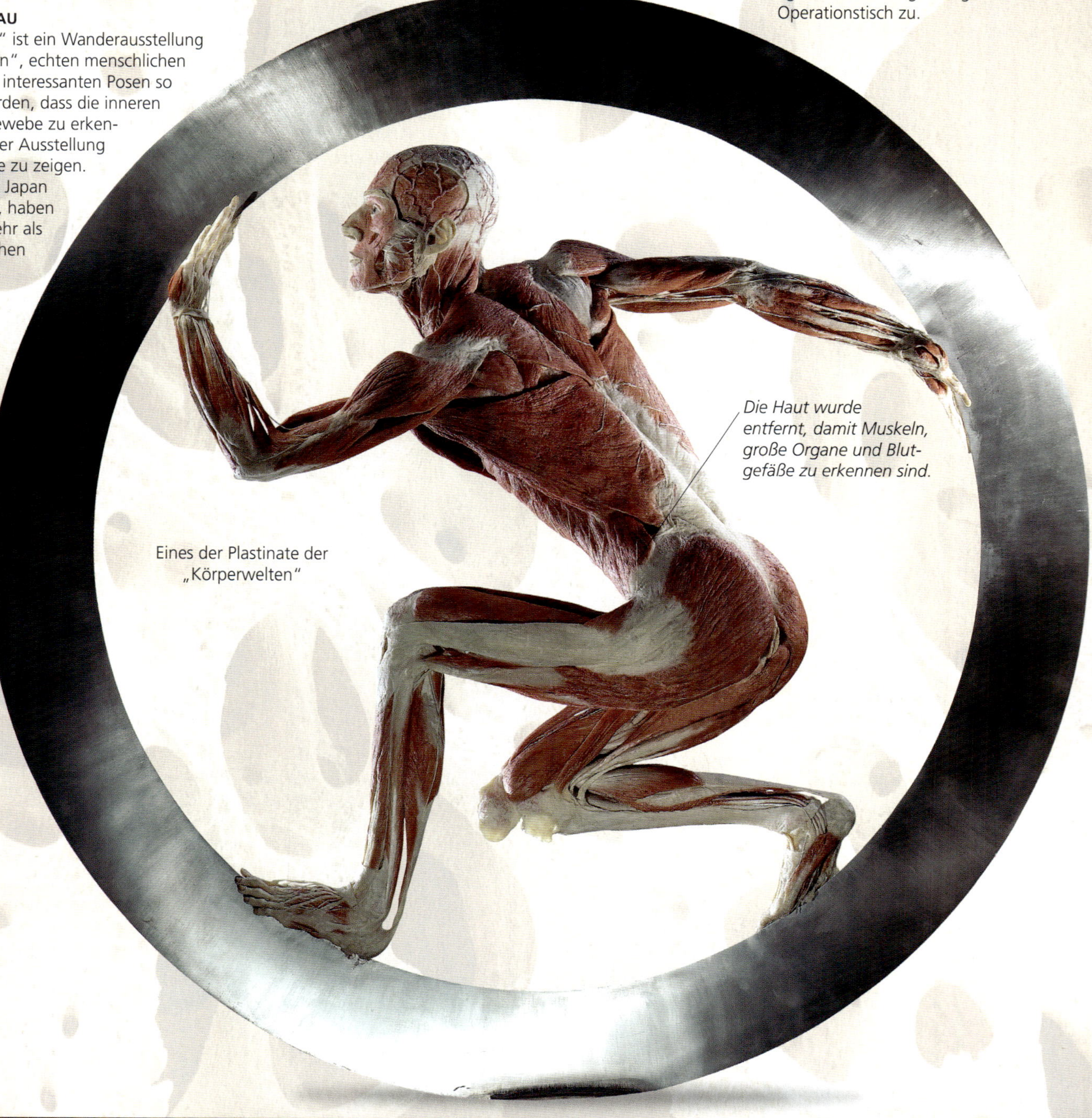

Die Haut wurde entfernt, damit Muskeln, große Organe und Blutgefäße zu erkennen sind.

Eines der Plastinate der „Körperwelten"

BEGEHBARER KÖRPER

Im Museum für Gesundheit und medizinische Wissenschaften in Houston (USA) können Besucher eine überlebensgroße Rundreise durch den menschlichen Körper machen, u. a. durch einen Bogen aus riesigen Rippen und Wirbeln (oben). Der „Erstaunliche Körperpavillon" enthält interessante interaktive Erfahrungen, wie einen riesigen Augapfel und ein begehbares Gehirn sowie Gesundheitsausstellungen zum Mitmachen.

RIESIGE KÖRPERPLASTIK

Ein Besucher von Sidneys Museum zeitgenössischer Kunst in Australien betrachtet diese lebensechte Plastik eines übergroßen Kopfes. Ron Muecks *Maske II* ist ein Selbstporträt des schlafenden Künstlers aus Kunstharz und Glasfaser. In Kunstgalerien kann man beim Betrachten von Bildern und Plastiken viel über die Körperform lernen.

Das Gehirn des Artisten steuert Gleichgewicht, Haltung und präzise Bewegungen.

Muskeln und Gelenke werden durch ständiges Üben gelenkig.

AKROBATEN

Zwei außerordentlich gelenkige Akrobaten des *Cirque du Soleil* führen diese Nummer als Teil der Show „Alegría" auf. Bei derartigen Zirkusauftritten kann man Kraft, Gelenkigkeit und Anmut des menschlichen Körpers bewundern.

Besuche doch mal …

MEDIZINHISTORISCHES MUSEUM DER CHARITÉ (BERLIN)
• Berliner Anatomisches Theater aus dem 18. Jh.
• In Gläsern aufbewahrte Präparate-Sammlung Rudolf Virchows.
• Darstellungen vom menschlichen Körper in den letzten 300 Jahren.

ANATOMISCHE SAMMLUNG DER HUMBOLDT-UNIVERSITÄT (BERLIN)
• Medizinische Präparate vom 18. Jh. bis heute.
• Chirurgische und Präparationsinstrumente.

DEUTSCHES HYGIENE-MUSEUM (DRESDEN)
• Geschichte des Körpers seit dem 20. Jh.
• Erlebnisbereich zu den 5 Sinnen.
• Sammlung zur Körperpflege und Gesundheitsaufklärung.

ANATOMISCHES MUSEUM DER UNIVERSITÄT BASEL (SCHWEIZ)
• Umfangreiche Sammlung historischer und aktueller anatomischer Präparate.
• Interaktive Gelenkmodelle.
• Ausstellung von Prothesen und Implantaten.

CITÉ DES SCIENCES (PARIS)
• Interaktive Bilder des menschlichen Körpers.
• Ausführliche Darstellung der Entdeckung der DNA.

CLOS-LUCÉ (AMBOISE, FRANKREICH)
• Anatomische Zeichnungen von Leonardo da Vinci.

SCIENCE MUSEUM (LONDON)
• Wer bin ich? Galerie der Genetik und Identität.
• Ausstellungen zur Medizingeschichte.

LA SPECOLA (FLORENZ, ITALIEN)
• Anatomische Wachsmodelle aus dem 18. Jh. (Kopien von sezierten Körpern).

Frühes Stethoskop im Science Museum in London

INTERNETADRESSEN

• Informationen zu Themen rund um den menschlichen Körper.
www.medienwerkstatt-online.de/lws_wissen/index.php?level=1&kategorie_1=Menschlicher+K%F6rper

• Ein Selbstlernkurs für Kinder.
www.mallig.eduvinet.de/bio/programe/koerper5.htm

• Hier findest du heraus, wie du dich gesund ernähren kannst.
www.planet-wissen.de/alltag_gesundheit/essen/vitamine/rat_gesunde_ernaehrung.jsp

Glossar

Blutgefäße, die Unterarm und Hand versorgen

ABWEHRSYSTEM Zusammenschluss von Zellen in Blutkreislauf und Lymphsystem, die Krankheitserreger aufspüren und zerstören, um den Körper vor Krankheiten zu schützen.

AKUPUNKTUR Alternative Mediziform, bei der zur Behandlung verschiedener Krankheiten in bestimmte Hautbereiche Nadeln gesteckt werden.

ALVEOLEN Lungenbläschen: mikroskopisch kleine Luftsäckchen in der Lunge, in denen der Sauerstoff ins Blut übertritt und Kohlendioxid das Blut verlässt.

ANATOMIE Die Lehre vom Aufbau des menschlichen Körpers.

ANTIKÖRPER Von den Lymphozyten (Abwehrzellen) freigesetzte Substanz, die eingedrungene Krankheitserreger zur Zerstörung vorsieht.

ARTERIE Blutgefäß, das Blut vom Herzen in die Körpergewebe leitet.

ARZT Ein Mediziner, der Menschen behandeln, also deren Krankheiten diagnostizieren, behandeln und verhindern darf.

ATOM Kleinstes Teilchen eines Elements, wie Kohlenstoff und Wasserstoff, das existieren kann.

BAKTERIE Ein Mikroorganismus. Manche Bakterien können beim Menschen Krankheiten verursachen (Krankheitserreger).

BAUCH Der untere Teil des Rumpfes zwischen Brust und Hüfte.

BEFRUCHTUNG Vereinigung von Spermium und Eizelle zu einem neuen Menschen.

BLUTGEFÄSS Eine Röhre, z. B. eine Arterie, Vene oder Kapillare, die Blut durch den Körper leitet.

BRUSTKORB Der obere Teil des Rumpfes zwischen Hals und Bauch.

CHROMOSOM Eines von 46 DNA-Paketen, die in den meisten Zellen vorkommen.

DNA (DESOXYRIBONUKLEINSÄURE) Molekül, das die Gene (Anweisungen) für Herstellung und Betrieb der Zellen des menschlichen Körpers trägt.

DRÜSE Zusammenschluss von Zellen, die chemische Substanzen herstellen, wie Hormone oder Schweiß, und in den Körper oder nach außen abgeben.

EINBALSAMIEREN Maßnahmen zur Konservierung eines Körpers, damit er nicht verwest.

EIZELLE Weibliche Keimzelle, auch als Ovum bezeichnet.

EMBRYO Ungeborenes Kind in den ersten acht Wochen nach der Befruchtung.

ENDOKRINE DRÜSE Zusammengeschlossene Zellen, z. B. in Form der Schilddrüse, die Hormone ins Blut abgeben.

ENZYM Eiweiß, das als biologischer Katalysator inner- und außerhalb von Zellen chemische Reaktionen beschleunigt.

FETUS Ungeborenes Kind von der neunten Woche nach der Befruchtung bis zur Geburt.

FOLLIKEL Zellgebilde in einem Eierstock, das eine Eizelle umgibt und ernährt; Hautgrube, in der ein Haar wächst.

FRUCHTWASSER Flüssigkeit, die den wachsenden Fetus in der Gebärmutter umgibt. Sie schützt ihn vor Stößen und Erschütterungen.

GALLE In der Leber hergestellte Flüssigkeit, die in den Darm abgegeben wird. Galle enthält Salze, die bei der Verdauung helfen.

GASAUSTAUSCH Übertritt von Sauerstoff aus den Lungen ins Blut und von Kohlendioxid aus dem Blut in die Lungen.

GEN Eine von 20 000–25 000 Anweisungen auf den Chromosomen einer Zelle, die deren Aufbau und Betrieb steuern.

GEWEBE Ein organisierter Zusammenschluss gleicher oder ähnlicher Zellen, die gemeinsam bestimmte Aufgaben haben.

HEBAMME Spezialisierte Krankenschwester, die Frauen bei der Geburt hilft und beisteht.

HIRNHÄUTE Schützende Membranen, die Gehirn und Rückenmark bedecken.

HOMÖOSTASE Aufrechterhaltung gleichförmiger Bedingungen, wie Temperatur, Wasser- oder Traubenzuckergehalt, im Körper, damit die Zellen normal arbeiten können.

HORMON Chemischer Botenstoff, der von einer endokrinen Drüse gebildet wird und mit dem Blut zu seinem Zielgewebe oder seiner Zielzelle gelangt.

JUGEND Phase körperlicher und seelischer Veränderungen in den Teenager-Jahren, Übergang von der Kindheit zum Erwachsenenalter.

KAPILLARE Mikroskopisch kleines Blutgefäß, das Arterien und Venen verbindet.

KERATIN Festes, wasserfestes Eiweiß in den Zellen von Haaren, Nägeln und Oberhaut.

KNOCHENNAHT Unbewegliches Gelenk, wie die Nähte zwischen zwei Schädelknochen.

KNORPEL Festes, biegsames Gewebe, das Nase, Ohren und andere Körperteile formt und die Knochenenden in den Gelenken überzieht.

KRANKHEITSERREGER Ein Mikroorganismus, wie eine Bakterie oder ein Virus, der beim Menschen Krankheiten auslösen kann.

LYMPHE Flüssigkeit, die durch das Lymphsystem von den Geweben ins Blut fließt.

MEMBRAN Dünne Gewebeschicht, die eine innere oder äußere Körperoberfläche auskleidet oder bedeckt; außerdem Zellhülle.

MENSTRUATIONSZYKLUS Abfolge von körperlichen Veränderungen, die sich etwa alle 28 Tage wiederholt und die Fortpflanzungsorgane einer Frau auf die Empfängnis einer befruchteten Eizelle vorbereitet.

Modell eines an der Nahrungsverdauung beteiligten Enzyms

MOLEKÜL Winziges Teilchen aus mindestens zwei Atomen.

MUTTERKUCHEN Das Organ, über das die Mutter ihr ungeborenes Kind mit Nährstoffen und Sauerstoff versorgt. Die eine Hälfte des Mutterkuchens besteht aus mütterlichem Gewebe, die andere aus kindlichem.

NABELSCHNUR Schnurartige Verbindung von Fetus und Mutterkuchen.

NÄHRSTOFF Substanz, wie Traubenzucker, die zugeführt werden muss, damit der Körper funktioniert und gesund bleibt.

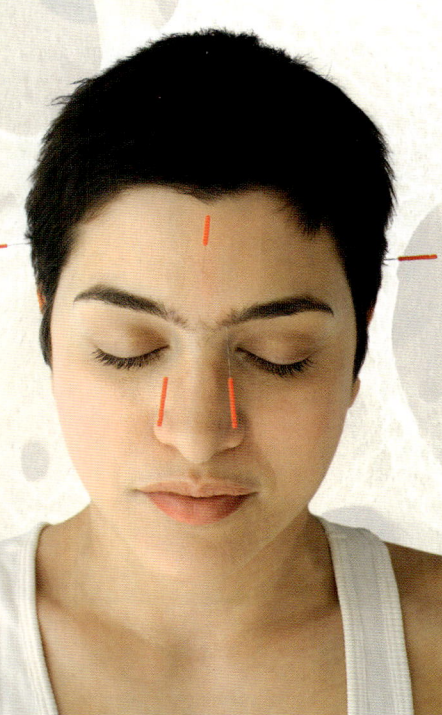

Akupunkturnadeln werden zur Schmerzlinderung in die Haut gestochen.

Nervenzellen im Kommunikationsnetz des Körpers

STUHL Halbfester Abfall aus unverdauter Nahrung, abgestorbenen Zellen und Bakterien, den der Körper durch den After ausscheidet.

SYNAPSE Schaltstelle zwischen zwei Nervenzellen, an der das Signal von einer Zelle zur anderen weitergegeben wird. Nervenzellen liegen in der Synapse sehr dicht, berühren sich aber nicht.

SYSTEM Ein Zusammenschluss miteinander verbundener Organe, die gemeinsam eine oder mehrere bestimmte Aufgaben haben, wie das Verdauungssystem.

TOXIN Giftige Substanz, die z. B. von Bakterien ins Gewebe abgegeben wird.

TRANSMISSIONSELEKTRONENMIKROGRAFIE (TEM) Abbildung einer Probe mit einem Transmissionselektronenmikroskop.

TRAUBENZUCKER Zuckerart, die im Blut kreist und wichtigste Energiequelle der Zellen.

URIN Von den Nieren hergestellte Flüssigkeit, die Abfallstoffe, überschüssiges Wasser und Salze aus dem Blut enthält.

VENE Blutgefäß, das Blut aus den Geweben zum Herzen leitet.

VERDAUUNG Abbau der komplexen Nahrungsmoleküle in einfache Nährstoffe, wie Zucker, die ins Blut aufgenommen und von den Zellen verwendet werden.

VERKNÖCHERUNG Knochenneubildung, bei der Knorpel durch Knochen ersetzt wird.

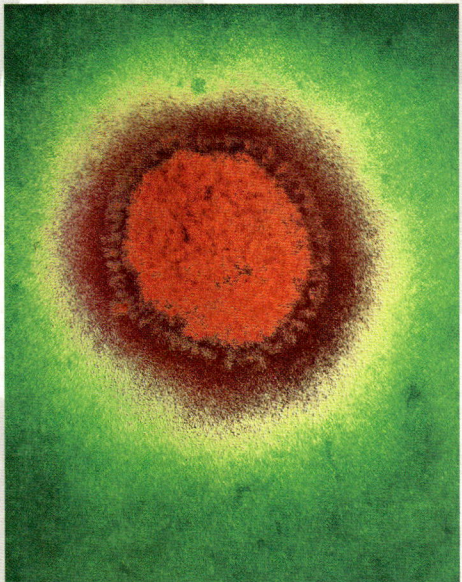

Transmissionselektronenmikrografie eines Grippevirus, 135 000-fach vergrößert

NERVENZELLE Eine der Milliarden vernetzten Nervenzellen, die elektrische Signale weiterleiten und das Nervensystem bilden.

OPERATION Behandlung von Krankheiten oder Verletzungen durch einen direkten Eingriff, meistens Öffnung des Körpers mit chirurgischen Instrumenten.

ORGAN Körperteil, wie Gehirn oder Herz, das aus mindestens zwei Gewebearten besteht.

PHYSIOLOGIE Lehre der Funktionen und Abläufe im Körper.

PUBERTÄT Phase in der Jugend, während der sich der kindliche Körper zu dem eines Erwachsenen verändert und die Fortpflanzungsorgane ihre Arbeit aufnehmen.

RASTERELEKTRONEN-MIKROGRAFIE (REM) Abbildung einer Probe mit einem Rasterelektronenmikroskop.

RÖNTGEN Strahlenart, die Knochen abbildet, wenn sie durch den Körper auf eine Fotoplatte gerichtet wird.

RÜCKENMARK Säule aus Nervengewebe, die in den Knochen der Wirbelsäule den Rücken hinabzieht und Signale zwischen Gehirn und Körper übermittelt.

RUMPF Zentraler Anteil des Körpers aus Brust und Bauch.

SCHWANGERSCHAFT Phase zwischen der Einnistung des Embryos und Geburt des Kindes, meistens 38–40 Wochen.

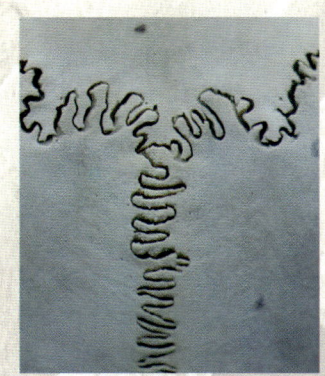

Schädelnähte (sägezahnartige Schädelgelenke)

SEKTION Sorgfältiges, geplantes Aufschneiden eines toten Körpers, um dessen inneren Aufbau zu betrachten.

SPEISEBREI Sämige, soßenartige Flüssigkeit aus teilverdauter Nahrung. Sie entsteht im Magen und wird bei der Verdauung in den Dünndarm abgegeben.

SPERMIE Männliche Keimzelle, auch als Samenzelle bezeichnet.

STOFFWECHSEL Die chemischen Vorgänge, die in jeder Körperzelle stattfinden und z. B. Energie freisetzen oder Wachstum ermöglichen.

VIRUS Nicht lebender Krankheitserreger, der beim Menschen Krankheiten auslöst, wie Erkältungen oder Masern.

ZELLE Eine der Billionen mikroskopisch kleinen lebenden Einheiten des menschlichen Körpers.

ZENTRALES Nervensystem (ZNS) Gehirn und Rückenmark.

ZWERCHFELL Kuppelförmige Muskelplatte die Brustkorb und Bauch trennt.

Register

Dank und Bildnachweis

Dorling Kindersley dankt Rajeev Doshi (S. 26–27, 28–29, 40–41 und 50–51) und Arran Lewis (S. 38–39) für Abbildungen, Hilary Bird für das Register sowie Sue Nicholson und Edward Kinsey für das Poster.

Der Verlag dankt folgenden Personen und Institutionen für die freundliche Genehmigung zum Abdruck von Fotos:

(Abkürzungen: o = oben, go = ganz oben, u = unten, gu = ganz unten, m = Mitte, l = links, r = rechts, Hg = Hg)

act-images: 9ml, 11gol; Alamy Images: Mary Evans Picture Library 9gol, 9gor, 10m, 12m, 12gol, 18mlo, 30mro, 33gor, 34um, 36gol, 47ml; Dennis Hallinan 66um; INTERPHOTO Pressebildagentur 42ur; Londoner Kunstarchiv r; PHOTOTAKE Inc. 7m, 26ul, 29mro, 60m; The Print Collector 12mu, 16gol, 44mr, 50gor, 56mru, 60mr; Michael Ventura 15gor; Weltgeschichtsarchiv 29gol; The Art Archive: Bodleian Library, Oxford/Ashmole 399 folio 34r, 10gol; Privatsammlung/Marc Charmet 14gor; The Bridgeman Art Library: Bibliothèque de la Faculté de Médecine, Paris/Archives Charmet 46ml; Bibliothèque Nationale, Paris 8mr; Privatsammlung/Photo Christie's Images 63ur; Corbis: Bettmann 24gol, 26ml, 41m, 50ml, 67um; Christophe Boisvieux 37mru; CDC/PHIL 13gor; EPA/Geoff Caddick 69ul; Frank Lane Picture Agency/Ron Boardman 13mru; Galleriesammlung 31gol, 44mlu; Hulton-Deutsch-Sammlung 22gor,

27mo, 49ul; Gianni Dagli Orti 32m; Reuters/David Gray 69mu; Ariel Skelley 62gor; Visuals Unlimited 7mr, 18mlu, 19gor; Zefa/Flynn Larsen 33ur; DK Images: Britisches Museum, London 42gol; Britisches Museum, London/Peter Hayman 8–9u, 66ml; Combustion 46–47m, 71gol; Eigentum von Denoyer – Geppert Intl/Geoff Brightling 55um; Donks Models/Geoff Dann 13m; Arran Lewis 38–39; Linden Artists 57ur; Medi-Mation 40–41m, 50–51um; Eigentum des Museums für Naturgeschichte der Universität Florenz, Zoologische Abteilung "La Specola"/Liberto Perugi 11mr, 37gom, 44gor; Old Operating Theatre Museum, London/Steve Gorton 2mu, 4gor, 10–11u, 11ml; Eigentum des Science Museum, London/Adrian Whicher 8ml; Eigentum des Science Museum, London/Dave King 3gol, 12ml, 12mr, 66mr, 69mr; Eigentum des Science Museum, London/John Lepine 67gol; Jules Selmes und Debi Treloar 35gom; Getty Images: AFP/Andre Durand 15ur; AFP/Damien Meyer 21ur; Henry Guttmann 11gor; Hulton Archive 33ur; The Image Bank/Johannes Kroemer 70ul; Nick Laham 53gor; Win McNamee 65gol; Michael Ochs Archives 48mu; Popperfoto 28mlu; Science Faction/David Scharf 33mr; Science Faction/Rawlins – CMSP 64mru; Stone/Ron Boardman 13m; Taxi/Emmanuel Faure 15ul; Time Life Pictures/Mansell 37ur; Topical Press Agency 14mr; Visuals Unlimited/Michael Gabridge 71ul; Gunther von Hagens Körperwelten, Institut für Plastination, Heidelberg, Deutschland, www.bodyworlds.com: 68u; Eigen-

tum des Gesundheitsmuseums, Houston: 69gol; iStockphoto.com: 8gol; Roberto A. Sanchez 16ul; Jaroslaw Wojcik 64um; Kobal-Sammlung: Carolco 65ul; Gaumont 46gol; Warner Bros 63gor; Library Of Congress, Washington, D.C.: Cornish & Baker 63mr; Mary Evans Picture Library: 40ul; mit freundlicher Genehmigung des Operating Theatre, Museum & Herb Garret, London: 68gor; PA Photos: AP Photo/Brian Walker 65gor; Photolibrary: Imagestate/David South 65um; Photo Scala, Florence: The Museum of Modern Art, New York 31mra; Science Photo Library: 14ml, 23m, 25gor, 36mla, 59gol; Juergen Berger 64gor; Biology Media 25ma; Dr. Goran Bredberg 37mr; A. Barrington Brown 62mla; Scott Camazine, Sue Trainor 18gol; Chemical Design 47mr; CNRI 38ul, 41um, 49ml, 49fml; Christian Darkin 65mru; Equinox Graphics 70mu; Eye of Science 55gol; Simon Fraser 15m; GCa 17ur; Steve Gschmeissner 19ur, 32gor, 51gol; Innerspace Imaging 50ul; ISM/Alain Pol 57mr; Christian Jegou Publiphoto Diffusion 6gol; Nancy Kedersha 30ur; James King-Holmes 67mr; Patrick Landmann 64ml; Dr Najeeb Layyous 61gol; Astrid & Hanns-Frieder Michler 41ml; Prof. P. Motta/Anatomisches Institut /Universität La Sapienza, Rom 39ur, 54ml; MPI Biochemie/Volker Steger 65m; Dr. Gopal Murti 62mru; NIBSC 71gol; Susumu Nishinaga 64–65 (Hg), 66–67 (Hg), Innere Organe 41mr; Omikron 35mu; US Medizinische Nationalbibliothek 28gor; Wellcome-Abteilung für kognitive Neurologie 15ml; Zephyr 14um; Still Pictures: The Medical File/Charles

Brooks 15gol; Ed Reschke 21mr; Wellcome-Bibliothek, London: 6ul, 16mla, 22gol, 23um, 23gom, 36mu, 38gom, 42gor.

© 2008, by SOMSO models, www.somso.com: 2or, 3or, 4mlo, 4mro, 18mr, 19mo, 24m, 27ur, 30ul, 31um, 32ur, 46ul, 53um, 53ul, 56ul, 56ur, 58ur, 59ur, 60u, 61ul.

Poster: DK Images: Denoyer - Geppert Intl. ur (Innenohr). Science Photo Library: gor (Zellteilung).

Cover: Vorn: Dorling Kindersley: Combustion mo. Science Photo Library: Gustolmages u; Zephyr mgl. Hinten: Dorling Kindersley: Somso m. Science Photo Library: Susumu Nishinaga mro.

Alle anderen Bilder © Dorling Kindersley

Weitere Informationen unter:
www.dkimages.com

SOMSO
MODELLE
SINCE 1876

Weitere Themen in dieser Reihe:
(Bandnummer in Klammern)